最速で結果を出すための
最強の思考習慣

高橋歩

AYUMU TAKAHASHI

THE GREATEST HABITS OF THOUGHT

FACTORY A-WORKS

はじめに

編集者　滝本洋平

著作累計部数200万部を超えるベストセラー作家であり、世界中にさまざまなジャンルのビジネスを広げる経営者であり、フリースクールや震災復興活動を行うNPO法人の理事長であり、世界中を飛びまわる旅人であり、家族を愛する二児の父親であり……そして、〝自由人〟と呼ばれている男・高橋歩。

僕は、彼とはかれこれ十数年、一緒に会社経営をしてきた仕事仲間であり、本の著者と編集者というパートナーでもある。


高橋歩は、20歳のときに大学を中退し、アメリカンバーを開店させ、2年間で4店舗に広げた。

23歳のとき、それらのバーの経営権をすべて手放し、自伝を出すために、無一文・未経験から出版社「サンクチュアリ出版」を設立。一時は3000万円の借金を背負うが、そこから見事逆転。自伝『毎日が冒険』を始め数々のベストセラーを世に送り出した。

そして、26歳のときに愛する彼女と結婚。出版社を仲間に譲り、すべての肩書きをリセットし、結婚式の3日後に妻とふたりで世界一周の旅に出発。約2年にわたって、南極から北極まで数十ヶ国を放浪して、帰国した。

その後、沖縄に移住し、カフェバー&海辺の宿「ビーチロックハウス」をオープン。日本中から若者が集まり、沖縄の震源地と言われるほどの大反響を生み、さまざまな伝説を作っていた。しかし、4年後に突然、閉店を発表。

「ビーチロックハウス」の経営と同時進行で進めていたプロジェクトに本格移行し、北部のやんばるの森に、音楽とアートのあふれる自給自足のアートビレッジ「ビーチロックビレッジ」を創り上げた。

同時に、作家活動を続けながら、東京・ニューヨークで自らの出版社を設立して、英語圏諸国・韓国・台湾など世界中で著書を出版したり、東京・福島・ニューヨーク・バリ島などでレストランバーやゲストハウスを開店したり、インドやジャマイカで現地の貧しい子どもたちのためのフリースクールを開校したり……と活動を世界中に展開していった。

そして、海外で広く出版された著書は、韓国や台湾などアジア圏でベストセラーを記録、アメリカではアートブックとして「ニューヨーク近代美術館（MoMA）」に展示され、ニューヨークにオープンしたレストラン「BOHEMIAN《ボヘミアン》」は、世界的評価ガイド『ZAGAT』でニューヨークベスト30にランクインするなど、国際的にも評価は高まってきている。

２００８年には、結婚10周年を記念し、妻と、６歳の息子、４歳の娘とともにキャンピングカーに乗り、世界一周の家族旅に出発。

世界中を自由気ままに旅していたが、２０１１年の東日本大震災の際に旅を中断し、すぐに帰国して現地に入った。そして、ボランティアを受け入れるビレッジを立ち上げ、２万５千人以上の人々を受け入れながら復興活動に従事。翌年には、日経ソーシャルイニシアチブ大賞の東北支援復興部門賞を受賞。宮城・

福島を中心にしたその活動は、仲間たちと共に今も続いている。

そして2013年、4年にわたった家族での世界一周旅行を終えた彼は、ハワイ・ビッグアイランドへと拠点を移し、活動の幅をさらに広げ続けている。

「ハワイ島のサウスコナにカフェ＆レストランをオープンさせて、そこを拠点に、世界170ヶ国の子どもたちが、共に学び、遊び、暮らす、理想の学校を創るんだ」

「サハラ砂漠にもアジトを創るよ。ラクダに乗らないとたどり着けない秘境のオアシスに、極上のレストラン＆キャンプ！　自由に砂漠を放浪し、夜は世界最高の星空の下で、自慢の酒と料理を堪能。遊牧の民と共に、歌い、酔い、笑いながら、時空を超える旅へ」

「オーストラリア大陸にもヤバいアジトを。ヨーロッパはスコットランドのアイラ島だな！　そして、ブラジルのアマゾン川にはツリーハウスの宿を創ろう。南極大陸では期間限定の秘密のアジト『ボヘミアン』をオープンさせて……世界7大陸制覇だ！」

「2020年のオリンピック前には、1000人以上を乗せる世界一周クルーズをやろう。毎日がフェス。毎日が冒険。世界中でお祭りだ。名付けて、ワールド・フェスティバル・クルーズ！」

相変わらず、常人にはついていけないぶっ飛んだ発想、いや、もはや妄想だ（笑）。

長年付き合ってきた僕ですら、いつも最初は「はぁ?」と呆れてしまう。しかし、その常識はずれの妄想でも、これまでの高橋歩を見ていれば、絶対に実現させちゃうんだろうな、と確信させる何かがあるから不思議だ。


高橋歩と十数年にわたり一緒に仕事をしていく中で、僕はたくさんのことを学んだ。

あらゆる夢を最速で実現していく彼の〝パワフル〟な行動の裏には、いつも、〝シンプル〟でありながらも非常に深い、独特な思考が存在していた。そして、中心となる軸、つまり彼の人生の美学は、どんなときでも絶対に揺らぐことはなかった。

一緒に仕事をしながら、打ち合わせで、飲み会で、雑談で、トークライブで、インタビューで……彼が発した数々の言葉の中から、「シンプル＝パワフルな思考」を集めて編み込んだのがこの本だ。


彼の思考は、決して難しいテクニカルなものではない。簡単に言えば、ただの〝癖〟のようなものだ。

しかし、そんなシンプルな思考の癖を手に入れることさえできれば、人生を劇的に変えるほどのパワーを持つはずだ。高橋歩の頭の中には、そのヒントが詰まっている。


自由に、自分の好きなように。

理想の未来を、楽しみながら実現させるために。

最強の思考習慣に触れてみよう。

目次

01「やりたいこと・欲求」について　P014
Keyword なんでもできるとしたら？
そういう視点で世の中を見てみれば、やりたいことがたくさん見えてくる。

02「きっかけ」について　P020
Keyword「さあ、人生を変えるものに出逢うぞ！」と思って、変わっている人なんていない。
日常のちょっとしたワクワクの中に、そのきっかけがある。

03「最初の一歩」について　P027
Keyword ピンときているのに、なんだかんだと理由をつけてやらないのは、
自分で自分の可能性を潰しているのと同じだ。

04「行動力」について　P034
Keyword やりながら考えること。
現場にいながら考えなければ、物事は正しい判断ができない。

05「覚悟」について　P041
Keyword 必要なのは勇気ではなく覚悟。
決めてしまえば、すべては動き始める。

06「行動する理由」について　P048
Keyword 行動に理由なんていらない。
なんとなくやりたいと思ったらやってみる。まずはそこからだ。

07「選択」について　P054
Keyword 大事なことは、何を選ぶのか、ではなく、
選んだ後どう生きるか、だ。

Contents & Keywords

08 「自分らしさ・オリジナリティー」について P060
Keyword
100%の吸収体として、他人から学べるということ。
それが、力なのかもしれない。

09 「遊びと仕事」について P068
Keyword
大人がマジで遊べば、
それが仕事になる。

10 「自分のエネルギー」について P074
Keyword
俺自身のエネルギーは、「おいしい、楽しい、気持ちいい」みたいな日々の喜びから、
生み出されているような気がする。

11 「チーム・仲間」について P079
Keyword
俺が好きなことをやって自由でいられるのは、チームがいいから。
そういうチームを作れているから。

12 「死」について P086
Keyword
時間は無限にあるという感覚で生きている人は、行動力が鈍いが、
人生の残り時間は限られているということを知っている人は、自然に動く。

13 「会話すること」について P092
Keyword
どんどん話していくことで、自分の頭の整理もできて、
自分の中に入っていくというのが俺のパターンかな。

14 「集中すること」について P098
Keyword
結果を出す人は、やっぱり、
人の見てないところで、狂ったように必死にやっている。

目次

15「開放する時間」について P105
Keyword
ふっと、お遊び妄想ワールドへ脳みそをワープさせる癖をつけると、いいアイデアが浮かぶときがあるし、単純に楽しくなる。

16「住む場所」について P110
Keyword
自分の「住みたいアンテナ」が反応しているということは、きっと、その土地が呼んでいるということ。

17「悩み・落ちこむこと」について P116
Keyword
落ちこんでいないわけじゃない。悩んでいないわけじゃない。ただ、その時間が劇的に短いだけ。

18「お金」について P122
Keyword
「お金のリアル」というものを、しっかり逃げないで把握できれば、「じゃあ、どうする？」という方向に向かえる。

19「才能」について P130
Keyword
「自分には才能がないから無理」と、自分の未熟さを、生まれつきの才能のせいにするなんて、両親に失礼だよ。

20「伝えること」について P136
Keyword
自分の心の井戸を掘るようにモノを作ることができれば、きっと多くの人に伝わる普遍的なものができあがるんだと、俺は信じている。

21「人生という物語」について P142
Keyword
「自分の人生を、ひとつの物語として見る」その視点を手に入れたとき、人生は大きく変わる。

Contents & Keywords

P149
22「捨てること」について
Keyword
「何かを選ぶということは、何かを捨てるということ」
そうやって割り切って生きていくと、やっぱりその方が気持ちいいなと感じるようになってきた。

P158
23「安定」について
Keyword
「不安定に強い」人間でいる方が、
結果、安定している。

P164
24「夢」について
Keyword
夢があろうとなかろうと、
楽しく生きている奴が最強。

P172
25「成功」について
Keyword
「死んでしまうその日まで、俺は自分をどこまでレベルアップできるか」
そこに自分の核がある。

P178
26「ひとりの時間」について
Keyword
忙しくなればなるほど、ひとりで静かに考える時間を大切にしている。
そういう時間が、俺を作っている。

P185
27「静と動」について
Keyword
「静の時間・動の時間」みたいなメリハリが、
俺にとっては、結構重要なのかもしれない。

P192
28「等身大」について
Keyword
等身大じゃ、チビのまま。
ガンガン背伸びして、チャレンジしていこうぜ。

目次

Keyword 29「キャラクター」について P198
自分らしく生きようとするのではなく。自分らしさなんて、どうでもいいということに気づくこと。
そうすると、自然に自分らしくなる。

Keyword 30「失敗」について P207
成功するまでやれば、必ず成功する。
一度うまくいってしまえば、すべての失敗は、経験と呼ばれる。

Keyword 31「成長」について P213
優しさも、強さも、愛も、自由も、幸せも、大切なものは、すでに自分の中にある。
人間は、そういうものを、すべて持って生まれてきている。

Keyword 32「ルール・美学」について P221
自分のルールを決めれば、迷うこともなくなる。
逆に、自分のルールを持たない人間は、道を選べない。

Keyword 33「常識」について P226
「常識」であったり「普通」であったり、
そういうのはどうでもいい。

Keyword 34「人間関係」について P232
悪いことがあったら、
「自分のせい。きっと何か変えられることがあるはず」と自分に向けて考える。

Keyword 35「現在と未来」について P239
未来のために今を耐えるのではなく、
未来のために今を楽しく生きるのだ。

Contents & Keywords

36「人生設計」について P246

Keyword
人生設計なんて、いらない。一番大切なものをしっかり抱きしめながら、
ただ、やりたいことを必死にやり続けることだ。そうすれば、人生なんて、自然にうまく設計されていくから。

37「想像すること」について P253

Keyword
「こうなったら、最高にハッピー」という未来のシーンを、
ワクワクしながら、想像しよう。

38「LOVE & FREE」について P262

Keyword
愛しあえばあうほど、心は自由になっていく。大切なものがシンプルになればなるほど、心は自由になっていく。
LOVE or FREEではなく、LOVE & FREEなんだ。

BONUS TRACK「好きなことで飯を食うこと」について P270
※高橋歩トークライブ 特別編

Keyword
夢は逃げない。
逃げるのはいつも自分だ。

おわりに 高橋歩 P352

最速で結果を出すための

最強の思考の習慣

高橋歩

AYUMU TAKAHASHI
THE GREATEST HABITS OF THOUGHT

FACTORY A-WORKS

DESIRE

No.01

「やりたいこと」「欲求」について

Keyword: *1*

何でもできるとしたら？
そういう視点で
世の中を見てみれば、
やりたいことが
たくさん見えてくる。

「やりたいこと・欲求」について

DESIRE

俺は20歳のときに、『カクテル』という映画を観て、「自分の店を持ってバーテンダーになる！」という夢を見つけるまで、やりたいことが全然なかったんだ。

1年浪人して大学に入ったが、中学も高校も浪人時代も、ずっと「やりたいことさえ見つかれば、俺の人生はきっと素敵なものになるはずなのに」と思っていた。

それで、「サラリーマンになりたくない！」とただ言っているだけで、「じゃあ、何がやりたいの？」と聞かれると、何もわからなかった。

あの頃の自分を振り返ると、20年間生きてきた過去を考えて、「自分ができそうなこと」の中で、夢を探したりやりたいことを探していたりしていたんだ。

そりゃ、ワクワクしないし、やりたいことなんて見つかるわけがないよな。

その頃、多くの人の自伝を読んだり、先輩たちの話を聞いたりする中で、20歳くらいまですごい人じゃなかったとしても、その後にやりたいことや夢を見つけて、実際に叶えている人がたくさんいることを知った。

それで、「俺もまだ、なんでもできる可能性があるんだ」と思えたんだ。

そこから少しずつ、「もうちょっとリラックスして、やりたいことを探してみようかな」と考えるようになっていき、「できるかできないかはさておき、なんでもできるとしたら何やりたい？」「ドラゴンボールが7つ揃ったら何したい？」という質問を自分に投げかけるようになっていった。

そういう視点で世の中を見てみると、やりたいことは山盛りだったよ。

雑誌を見ていても、本を読んでいても、テレビを観ていても、面白そうなことがありすぎて、とにかく人生が楽しくなった。

本当にできるかどうかは、あとで考えればいい。

「なんでもできるとしたら」という目線で世の中を見ていくと、自分の欲求が解放される。「自分が本当は心の奥で何を求めているのか」というのを、みんな、知らない間に「それは無理」とブロックして見えなくしてしまっている。だから、そういう枠組みを1回取り払ってみればいいんだ。

大切なのは、「できるかできないか」ではなく、「やりたいかやりたくない」かで判断するということだ。

DESIRE

「やりたいこと・欲求」について

俺の例でひとつ。

26歳で、妻のさやかと結婚するとき、さやかに聞いたんだ。

「ドランゴンボール7つ揃って、なんでも願い事が叶うとしたら、何したい？」と。

そうしたら、さやかが、「う～ん。まぁ、ひとつだけって言うなら、あゆむと世界一周したいかな」と答えた。

その言葉を聞いた瞬間、俺の脳みそがスパークしちゃった。

そして、行くしかないでしょ！　と即決。

すぐにオーストラリア行きのチケットを買って、それから肉体労働などをしながら、お金を貯められるだけ貯めて、結婚式の3日後に、無期限の世界一周の旅に出発した。


「できるかできないかはさておき、なんでもできるとしたら何やりたい？」

そんな視点を持って生きれば、やりたいことはたくさん見えてくるはずだ。

映画の中にも本の中にも、夢はいくらでもあふれている。

進路は自由だ。
道は無限にあり、どこまでも続いている。

TRIGGER

No.02

「きっかけ」について

Keyword: 2

「さあ、人生を変えるものに出逢うぞ！」
と思って、変わっている人なんていない。
日常のちょっとしたワクワクの中に、
そのきっかけがある。

TRIGGER

「きっかけ」について

大切なことに気づく場所は、いつも、パソコンの前ではなく、青空の下だった。

これは前に本に書いた言葉だけど、俺の場合は、いつもそうなんだ。

「なんかいい感じ！」と思う場所に行ってみたり、友達がやろうとしていることを聞いて「面白そう！」と思ったら一緒にやってみたり、本を読んでいておいしそうなものがあったら実際に食べに行ってみたり……。

そうやって、興味を惹かれることをとりあえずやってみる中で、人生が変わっている。

いろんな人の自伝を読むとわかるけど、「さあ、人生を変えるものに出逢うぞ！」と思って、変わっている人なんていない。日常のちょっとしたワクワクの中に、そのきっかけがある。

ライブで聴いた音楽や、偶然飲み屋で会った友達の友達の話や、ラジオから流れてきたワンフレーズ……そういうところでみんな、人生を変えるようなことに出逢って、「それだったんだ！」って、自分の欲求が解放されている。

だから、**「面白そうだな」と思うことは、最初から難しく考えないで気軽になんでもやってみる**ぐらいの方がいいと思っているよ。

俺は今まで、いろんなことをやってきたけど、いつも「こんなことやったら面白くない?」と仲間と盛り上がって、そのままいっている感じなんだ。

小学校2年生の頃、縁日で売られているヒヨコを見て、友達と「このヒヨコ、ニワトリにしたくない?」と盛り上がった。でも団地に住んでいたから、家で飼うことはできない。それで、ヒヨコ屋さんの横で、「どうすればいいかな?」と作戦会議をしたんだ。

「じゃ、用務員のおじさんに頼めばいいんじゃない?」と思いついた奴がいて、「ナイス! それいいね~」なんて言いながら、みんなで団地に戻って、用務員のおじさんに会いに行った。

友達10人で「お願いします。飼わせてください!」と頼んだら、熱意に負けたのか、おじさんがその話に乗ってくれて。それでヒヨコを6羽くらい買ってきて、親に内緒で、用務員室でこっそり飼い始めたんだ。

友達10人で担当の曜日を決めて、自分の夕ご飯とかを、ポケットにちょっと忍ばせて、親にバレないように、「ちょっと、友達のところに行ってきます」なんて言いながら用務員室に行って、それをヒヨコにあげていた。

それで、本当にニワトリになったわけ!

TRIGGER

「きっかけ」について

そのニワトリをみんなで連れて、団地でパレードしたんだよ。みんなで作戦を考えて、協力してご飯をあげて、本当にニワトリになったことに、すごく感動したのを覚えているよ。

今もそのときと何も変わらない、同じノリなんだ。みんなで、「こんなことやらない？」と盛り上がって、「やっちゃえ！　やっちゃおう！」とやってみる。そうやってすべてが始まって、現実になっていく。

「あゆむさんのまわりには、ワクワクすることがあふれているからいいですよね」と言われることもあるけど、それはやっぱり、**ワクワクセンサーみたいなものをちゃんと張っている**からなんじゃないかな？

世の中を見るアンテナと言ってもいいし、目線と言ってもいいけど、「なんでもやれるとしたら？」という風に開いたうえで、「なんか面白いことはないかな？」と、常に世の中を見ているよね。

これは子どもの頃の母親の言葉の影響なのかもしれないけど。

うちの母親は、夜、いつも家族で食卓を囲むときに、「あゆむ、今日なんかいいことあった?」と聞く親だったんだ。

それに答えたくて、毎日**「何かいいこと、楽しいことないかな〜?」**と探していた。

そういう中で、俺のワクワクセンサーが磨かれたというか、「楽しいことはないかな?」という目線で、世の中を見る癖がついた気がするんだよね。


俺は、仲間と集まっているときに、自分の楽しかったことを話した後、「最近、何か面白いことはあった?」「どうだった?」と、いつも聞いている。そうなると自然に、「みんな面白い話をしよう。楽しかった話をしよう」という空気になるから、ワクワクすることがあふれているのかな、と思う。

逆に「最近、何か嫌なことや辛いことあった?」なんて聞いていると、きっと、そういうものが自分のまわりに集まってきてしまう。

俺の本を読んでくれた美容師の人が言っていたんだけど、仕事中、お客さんに「最近、楽しいこと、何かありました?」と言うのを口癖にしたら、毎日が劇的に変わったんだって。それも同じ話だよね。

そうやって、ワクワクセンサーを広げる癖がつくと、世の中、面白いことだらけだよ。
そんなワクワクの中に、人生を変えちゃうような出逢いが待っているかもよ。

ワクワクセンサーを全開にして、
おもいっきり動きまわってみよう。

FIRST STEP

No.03

「最初の一歩」について

Keyword: 3

ピンときているのに、
なんだかんだと
理由をつけてやらないのは、
自分で自分の可能性を
潰しているのと同じだ。

FIRST STEP

「最初の一歩」について

「自分が面白そうと思ったことは、とりあえずやってみる」

それだけは自分の中で決めている。

20歳くらいまでは、自分の得意なことや苦手なことを考えたり、就職活動の自己分析みたいな「自分探し」をやったりしていた時期もあった。でも結局、自己分析や自分探しなんてやればやるほど、余計自分がわからなくなっちゃったんだよね。

そうやって悩むくらいだったら、**自分が面白そうだなと思うことを、とりあえずやってみる。それで自分はどういうことを面白いと思うのか、そして、どういうことが好きで嫌いなのかを「体感」する。**そっちの方が絶対大切だし、信頼できると思った。

若い頃から、本当にたくさんいろんなことに手を出してきた。

例えば、浪人生のときに、マルボロ(タバコ)のCMに映っていたカウボーイを見て、脳みそがスパークした。その姿がやたらかっこよく見えて、「これはカウボーイになるしかない!」と思って、すぐにチケット買って、テキサスまでカウボーイに会いに行った。

大学生の頃は、「サイババの能力は本物か偽物か」と仲間で話していて、「だったら、自分の目で見て確かめようぜ」ということで、消費者金融のアコムで金借りて、4日後にインドに飛んだ。

基本的にいつも、そういう感じで生活していた。

やりたい！　見たい！　そう思った瞬間に、やり方や行き方を調べる。

これは行動力とかそういう大げさなものじゃなくて、ただの思考の癖。物事の大小問わず、「やりたい→すぐに調べる→行動する」みたいに、自分の中で完全にパターン化している。

そういうノリで生きていると、「類は友を呼ぶ」という言葉があるように、そういう思考の奴らがどんどんまわりに集まってくる。だから、自分ももっと行動的な人間になっていくし、どんどん世界が開けていく。

そんな中で、20歳のときに映画『カクテル』に出逢って、自分の店を出すために突っ走ることになったんだけど、そういう**「とりあえずやってみる」という思考の癖**があったから、すぐに行けたんだろうね。

クラウチングスタート状態というのかな、ヨーイドンですぐに飛び出せる準備ができていたという感じ。

本当はそのとき、『トップガン』という映画をレンタルしようと思っていたんだけど、たまたま店になくてさ。もし『トップガン』を見ていたら、今頃、自衛隊に入っていたかもね。クラウチングスタート状態だったから。

あと、「とりあえずやってみよう」というときにありがちなのが、「お金がない」というブロックだよね。「行きたいね」と思っても、金がないという理由で最初の一歩にブロックがかかっちゃう感じ。

「みんなでカヌーに乗って川下ってみようよ」とか「東京ドームを借りて、みんなで野球をしよう」でもなんでもいいけど、そんな話が出ても「金がないでしょ?」というブロックがかかって終わってしまうことがよくある。

俺たちも、もちろんお金がなかったから、最初はそういう感じがあったんだけど、あるとき気づいたんだ。

「だったら、夜寝なきゃいいだけじゃん。睡眠時間削って働けば、夜勤で毎日1万円だ。

FIRST STEP

「最初の一歩」について

夜中に肉体労働でも何でもやれば、1日1万円くらいは稼げる。**だから、金がないってことはない。寝なきゃいいだけじゃん！**」と。

それは、俺の心の中で、すごく大きなブレイクスルーだった。

そして、お金がないというブロックは消えた。

「それやりたいね！　3万？　OK！　じゃ、ちょっと夜勤3日やればいけるね」と、シンプルな思考回路になった。100万円という途方もない数字だと思っていたものも、「じゃ、100日あればいけるね！」と考えられるようになった。

「金がないから」と言わなくなったら、またどんどん自分の可能性が開いていった感じがした。これはすごく大きかった。

ワクワクしたら、とりあえずやってみる、という思考の癖ができると、さらにワクワクはやって来る。そして、どんどん面白いことが増えていく……。

小さな「やりたいこと」を積み重ねていくことで、そんな流れが生まれている感覚があるよ。

もちろんピンとこないものをやる必要はないと思うけど、ピンときているのに、なんだかんだと理由をつけてやらないのは、自分で自分の可能性を潰しているのと一緒。もったいない。

金がない、時間がないと言うなら、寝なきゃいい。睡眠時間を削って、働けばいいだけだ。

可能性が少ないからやらないって言うけど、可能性がゼロじゃないなら、やってみるべ！

すべてはそこから始まるんだから。

合い言葉はいつも、
やるだけやっちまえ！

ACTION

No.04

「行動力」について

Keyword: 4

やりながら考えること。現場にいながら考えなければ、物事は正しい判断ができない。

ACTION

「行動力」について

何か新しいことを始めるとき、俺はまず勝手に突っ走るんだ。

完璧に絵を描いてからやり始めるというより、「なんか面白そうだな。とりあえず、そこに行ってやってみよう！」みたいな感じ。

まずは衝動だ。

「一歩を踏み出そう」みたいな小難しいことじゃない。頭の中がそれだけになっちゃっている状態。大好きなロールプレイングゲームで、まだ始まったばかりのようなイメージかな。「ここからすごく楽しい未来が広がっている、マジ嬉しいな」みたいな。

「自分の店をやりたい！」と思ったときもそうだった。

店の作り方、やり方なんかはよくわからないけど、とにかくカクテル作れなきゃ駄目でしょ！　と思って、すぐにバーテンダーのバイトを探しまくった。

でもそのとき、キッチンのホールなんかはあったんだけど、バーテンダーの募集はあまりなかった。千葉県にいたからかもしれないけど。

あまり募集がないから、一発で絶対に受かるしかないと思って、面接で「何日でも何時間でも働きます。金とかはどうでもいいので、マジ働かせてください！」と言って、

「おっ、変わった人だね」と言ってもらって、採用された。

結局そんなところから、自分たちのアメリカンバーをオープンさせて、4店舗まで広がって……というところまでいくから面白いよね。

なんでもそうだけど、現場にいながら考えないと、物事は正しい判断ができない。

だから「バーテンダーが俺に向いているか?　向いていないか?」とか、やる前から考えていてもわかるわけがない。バーテンダーをやりながら考えるのが一番なんだよ。

バイクに興味持ったときもそうだった。

ヤマハのSRXという乗りたいバイクがあったんだけど、それを買うまで貯金するんじゃなくて、俺はまずいきなり原チャリを買った。それに乗りながら、バイクのことを考えていた。

妻と世界一周の旅に出るときもそうだった。

お金がいくらかかるかもわからなかったし、旅のプランとか何もなかったけど、とりあえず出発日を結婚式の3日後に決めて、オーストラリア行きのチケットを買った。それから肉体労働してお金貯めたり、いろいろ考えたりし始めた。

とりあえずやりながらそのことについて考えていこうというのは、もう癖みたいなもんだ。

もしかしたら、俺はそうやって自分の心に楔《くさび》のようなものを打っているのかもしれない。**「もう後戻りできない」という状況を作って、目をつぶってダイブ。その緊張と恐怖が、自分を大きくするんだと思う。**

人間、追いこまれればやるから。夏休みの宿題も追いこまれれば、なんとか終わる。それと一緒だよ。

あと、とりあえず「俺やります！」と言っちゃうのもアリだよね。友達や恋人に言いふらす。有言実行というか暴言実行。

そうなると、やるしかないってなるから。

「オマエらは口だけだ」と言われたっていいんだよ。最初は口で言うしかないんだから。結果や実績は後からついてくる。

まずは、根拠のない自信で突っ走るしかない。

「行動力がありますね」なんて言われるけど、慣れみたいなもんでしょ。「やりたいからやる」というシンプルな思考の癖だ。

俺は家の中にいてぐちゃぐちゃ考えるのではなく、外に出て、いつも路上にいて考えたい。

まず動く。動きながら考える。現場で感じながら考える。

「うまくいかなかったらどうしよう、という不安はないんですか？」と聞かれることもあるけど、それはないよ。どうなるかな、という気持ちはあるが、不安ではない。だって、うまくいくか、いかないか、とは考えてないから。

うまくいくまで絶対にやめない、という覚悟をしているだけ。

すべての準備を整えてから、なんて言っていたら、何も始められない。

とにかく、ぐちゃぐちゃ悩んでいないで、思いつくことから気軽にやっちゃえばいいんだよ。

ACTION

「行動力」について

まずは動き出す。
立ち止まって悩んでいても、答えはない。
歩きながら考える。
動きながら考える。
すべては、流れているから。

RESOLUTION

No.05

「覚悟」について

Keyword: 5

必要なのは
勇気ではなく覚悟。
決めてしまえば、
すべては動き始める。

RESOLUTION

「覚悟」について

「新しいことを始めるとき、なかなか勇気が出ないんです。どうしたら勇気が出ますか?」と聞かれることがあるけど、俺はそもそも、「勇気を出す」ということではないと思っている。

何かを始めるとき、必要なのは勇気ではなく、覚悟なんだ。

「勇気を持って立ち向かっていこう」みたいなことは、俺には表面的なものに感じられる。栄養ドリンクのリゲインを飲んでいくぞ！　みたい感じかな。それは、ずっと続くもんじゃないから。

俺にも「どうなるかな?」という気持ちはもちろんある。それはみんなと変わらないと思うんだけど、俺の場合は**「うまくいくまでやるから、最終的には絶対にうまくいく」**と思っているんだ。

そういう意味では、一時的な振り絞る勇気みたいなものでは、うまくいくまで続かない気がするんだよね。

RESOLUTION 「覚悟」について

勇気というのは、外に出る情熱のようなもので、覚悟というのは、中に入っていく静かなもののようなイメージがある。

「どうせ、うまくいくまで最後までやるんだよ」と決めるということ。

そうなると、「頑張るぞ!」とか「モチベーション上げて!」とか「勇気を振り絞って!」とか、そういう世界じゃなくなる。

「勇気を出して」と言って、やるのかやらないのか、感情的、精神的な話をしているうちは駄目。現実、うまくいかないと思うよ。

大事なのは、そういう精神的な話は早めに終わらせて、「やると決めたんだからやるんだ」と、成功するまでやり抜くという覚悟を決めてしまうことだ。

そうすれば、「じゃあ、どうやってやろうか?　やるというのは決まっているんだから」と、具体的な話に入ることができる。

ごちゃごちゃした精神論ではなく、具体的な行動に移せる。だから、うまくいく速度が早まる。

「メリットとデメリットをリストアップしてみて、メリットの方が多そうだからやろう」

というような判断ではなく、「やりたいからやる。決まりね。じゃ、どうしようか?」というシンプルさ。

SIMPLE = POWERFUL.
頭がシンプルな奴ほど、行動はパワフルなんだ。

「やるべきか、やるべきではないか」みたいな会話は、すごく無意味な気がしている。だって、それは答えがないから。自分たちの決め事の問題だから。やるかやらないかと話しあっても、解決には向かわない。

メリットもデメリットも、プラスもマイナスも、絶対にあるんだから。しかも、ちょっとインターネットで見た情報で、急にメリットやデメリットが変わったりする。検索して見た記事がすべて、いいことしか書いてなければ、急にメリットが強くなって、でも逆だったら、やめた方がよさそうだなと思ったり……。だから、きりがない気がするんだよね。

それよりは結局、自分が決める覚悟を持つかどうかだけ。答えなんてないから。

最終的には、全部、自分で決めることなんだ。

だから俺は、「集める情報」というものに、あまり重きを置いていない。

自分が調べた100個の情報があったとしても、世の中にある情報のどこを自分が拾っているかわからないから、それに対する信頼感がまったくない。だからあまり気にすることはない。

どうせわからないし、結局やるんだという割り切りがあるから、悩むこともなく、行動が早いんだと思う。

これも思考の癖みたいなものだね。慣れてしまえば、「覚悟を決めるんだ」といった難しい感じもなくなる。**「やると決めたからやる」**とスムーズに行動に移せるようになる。

でも、自分の昔のことを考えると、もうちょっと覚悟を決める段取りが悪かった20歳の頃は、意識的にやっていたかもしれない。先に道具を買ってしまうとか、彼女に言っちゃったからもうやるしかないとか、スケジュール入れたから行くしかないとか。

よく言うけど、旅行なんて、チケット買ってしまえば絶対に行く。でも、買わないで「時間とお金に余裕ができたら」なんて言っていたら、絶対に行けない。

ま、そうやって意識的にやっていくことで、思考の癖をつけていくのがいいんじゃないかな。

とにかく、頭はシンプルに、行動はパワフルに。

すべては、決めることから始まる。
決めることで、自分の中心が決まり、迷いは消えていく。
道を決めよう。静かなる覚悟とともに。

REASON

No.06

「行動する理由」について

Keyword: 6

行動に理由なんていらない。
なんとなくやりたいと
思ったらやってみる。
まずはそこからだ。

REASON

「行動する理由」について

行動に理由なんていらない。

理由は後からついてくる。


「これをやることが、何になるの?」なんて聞かれても、明確な答えは浮かばない。

「意味なんて後からわかるよ、なんかやりたいなぁ〜って思うんだよね、楽しそうだし」としか言えない感じなんだ。

気の利いた理由を言おうと思えば言えるし、相手を納得させるため、喜ばせるために、いろいろと語ることもできるんだろうけど、それは自分の真ん中ではない気がする。

ただ心の声に正直に、毎日を楽しく過ごしているだけなんだ。


20歳でアメリカンバーを始めるときもそうだった。

親に、店をやりたいと話したとき、「なんで? 理由をちゃんと説明して」と言われた。

そのときに、「えっ?」と思った自分をすごく覚えている。理由なんてない。そう思った。

「ワクワクするから」、「かっこいいなと思ったから」くらいしか言えることがなかったんだ。

それで親は、「あんた、なんだかよくわからないわね」という感じになったんだけど、そのときの感覚は結構大事だったんだと、今は思う。

「なんでそれをやるのか？」という質問にうまく答えようとするから、おかしくなってくるんだよ、きっと。

本当はただ、映画の『カクテル』に出てくるトム・クルーズみたいになりたいだけなのに、店をやる理由を答えようとすると、「多くの人の出会いの場を作るために」とか「いつもの仕事の間のリラックスする時間を提供したくて」とか、取ってつけたようなわけわからないことを考えちゃうようになる。

それで、せっかく持っていた牙がどんどん抜けていき、丸くなってしまう。


でっかい理由なんていらない。

ただ、なんとなくやりたいと思ったらちょっとやってみる。それでいいじゃん。

「一歩目を踏み出します！」みたいな大げさな感じじゃなくていい。「ちょっとやってみよう。やりながら考えよう」くらいで充分だ。

自分自身と葛藤して、と言うよりは、「面白そうだからちょっとやってみよう、別につまらなかったら、やめればいいし」くらいの感じで始まって、だんだんのめりこんでいく、というパターンだね、俺の場合。

俺は、自分の情熱みたいなものをちゃんと論理的に説明できないから、ただ「ワクワクしてさ」とか「脳みそがスパークしちゃったんだよね」と、いつも言っている。

大学やめて、店をやるというとき、結局最後まで親に完璧に納得してもらうことはできなかったけど、「本当に好きなことをやらないで、自分の人生がつまんなかったら、将来、親のせいにしちゃいそうだから。賛成してもらえなくても、やっぱり俺はやるわ！」と言ったんだ。

でも、それがあったから、「絶対に、『やっぱりあのときに、あゆむは好きなことをやってよかったね』と親に言わせるぞ」という気持ちが生まれて、「絶対にやり抜くぞ」という想いが強くなったのはあったね。

まぁ、とにかく。

この胸のときめきが来たってことは、もう、それだけでＯＫなんだよ。

ただ心の声に正直に。

SELECTION

No.07

「選択」について

Keyword: 7

大事なことは、
何を選ぶのか、ではなく、
選んだ後どう生きるか、だ。

SELECTION

「選択」について

俺の根本に、**「選択で迷ったときに、どちらを選んだとしても、選んだ方でよかったと思えるように生きよう」**というのがある。

どうせ、もう一方を選択した場合の結果は確認できないわけだから。

もし、両方の結果を見られるなら後悔することもあるのかもしれない。だけど実際は、もう一方の結果は絶対に見られない。だから、自分で選んだ道を、「こっちを選んでよかった」と思えるように生きていくしかないんだ。

大事なのは、何を選ぶのか、ではなく、選んだ後どう生きるか、だ。

だから、大きく言えば、「選択」自体にあまり意味はないと思っている。

「選択」なんて難しく考えず、自分の生まれ持った感覚を信じきって、感性で決めてしまえばいい。

まわりの意見や、世間でいうエライ人たちの言うことを、鵜呑みにするのは怖いことだ。

本やインターネット上に書かれていることも、もしかしたら嘘かもしれない。真実とは異なることや、思っていることとは違う言葉を並べることも簡単にできるし、いい加減なソースの情報を入れてしまうこともできる。そう考えると、世の中にある本やメディアが発信する情報が、すべて正確とは限らない。

だから、まわりの意見なんかは参考程度でいいと思っている。

「自分は何を信じて、何を選択し、決めるのか」というと、自分の感覚を信じるしかないんだ。

そういう意味では、**本当に大事なことや決断すべきことは、他人に相談してはいけないと思う。**

「自分で選ぶこと」から逃げてはいけない。

「自分で決めたこと」だから、大変でも頑張れるわけだから。

どんな生き方であれ、「自分で人生を選んでいる」という潔い感覚こそが、きっと、かっこよく生きる根本になる。

感性で決めると言うと、難しく考えてしまう人もいるかもしれないが、みんな子どもの頃はそうやって決めることができていたんじゃないかな。「やりたいからやる！

以上！」みたいな感じで、感覚的に生きていたはず。それが大人になるにつれて、だんだん変なブロックがかかって、わからなくなっているだけ。

大切なのは、「心の声を聞く」ということ。

俺はいつも、頭で考えるのではなく、心に話しかけるようにしながら、自分の真ん中にある想いを思い出している。「本当は、お前はどうなんだ？　どうしたいんだ？」と自分に質問しながら、自分の心の声に耳を傾けている。

そうやって、普段から自分の心の声を聞くようにしていないと、さらに聞こえなくなっていく。でも、意識的に聞く癖をつけていれば、さらに聞こえるようになってくる。

もっと言えば、心の声の前に、自然に体に出る鳥肌や、ゾクゾクする感じ、感動して涙が出てしまうことなど、誰にでも備わっているそういう感覚が、ひとつの大きなサインになると思う。

例えば、鳥肌は、「よし、鳥肌をたてよう、ハイッ」といったように、意識してたてられるものじゃないよね？　だから鳥肌がたつみたいな反応は、すごくわかりやすいサインなんだ。

人間は、「すげー!」とか「好き!」という気持ちをコントロールすることはできない。

そういう気持ちは、自分が最初に持って生まれた感覚だから、一番信じるべきものなんだ。


だから俺は、大事なことほど、よく考えなくていいと思っている。

「大事なことは、よく考えなさい」、「なんでそれを選ぶの? 理由を言いなさい」と言われたりするから、どんどん頭でっかちになってしまうけど、本当は理由なんていらない。

好きだから。やりたいから。それだけで充分。

理由は後からついてくる。やっているうちに、自然にわかってくるものなんだ。


やりたいことは、頭で考えるものではなく、ハートで感じるもの。

そして、答えは、教えてもらうものではなく、思い出すもの。

すべての答えは、すでに、自分の中にある。


人生は、感性で決める。

ORIGINALITY

No.08

「自分らしさ」「オリジナリティー」について

Keyword:8

100%の吸収体として、他人から学べるということ。それが、力なのかもしれない。

ORIGINALITY

「自分らしさ・オリジナリティー」について

「自分を知る」、「自分を生きる」といったことを考えるときに、独創的という言葉の持つイメージなのか、「人のことをマネしてはいけない」という空気が、世の中にはなんとなくあるよね。

「オリジナリティー」とか、「自分らしさ」とかよく言うけど、俺にはあまりピンとこない。

まだまだ素人、雑魚のうちから、「俺はすべて自分で考える」、「私は人のマネはしない」と言って、肩に力入れて、変なプライド抱えていたら、成長なんてしない。

俺は、いいと思うものはどんどんマネしている。乾いたスポンジのような状態で、どんどん吸収しまくる。かっこいいなと思う人やリスペクトする人が俺の中にたくさんいて、その人たちのいい部分に影響を受けて、今の俺ができている。

人間というのはいろんな人がいっぱいいる中のひとりとして存在しているわけだから、**「自分を知る」ためには「人を知る」というのがとっても大事なことだと思う。**

もちろん、とにかくたくさんの人を知ればいいのではなく、自分がピンときた人、興味ある人だけでいいと思うけど、そういった憧れの人を徹底的にマネするところから始めればいい。

確かに、見たことや聞いたことをそのまま出しているものはマネという感じだけど、頭に入れ、体の中で完全に噛み砕いて自分のものにできたら、そこからは「マネしている」というよりは「影響を受けている」といった話になる。

変に突っ張るのではなく、自分にプライドを持つのではなく、「俺もいろいろやっていますよ」なんていう他人へのアピールも、一切いらない。

若いうちに、他人から学ぶ癖をつけることが大切だ。

常に学ぶべき人の近くにいたり、憧れの人の本をすべて覚えてしまうくらい読みこんだり……**乾いたスポンジのように100%の吸収体として、その人から学べるということ。**

それが、力なのかもしれない。

秀吉は信長の分身になりきろうとした。ジョン・レノンはエルビスの、ボブ・ディランはウディ・ガスリーのジュークボックスと呼ばれていた。長渕剛は、吉田拓郎のコピーをしまくっていた。

ORIGINALITY

「自分らしさ・オリジナリティー」について

みんな、学び上手なんだ。

俺の場合は、チェ・ゲバラ、織田信長、ウォルト・ディズニー、ボブ・ディラン、ボブ・マーリー、ジョン・レノン、吉田松陰、星野道夫、マザー・テレサ、バグジー、矢吹丈……あたりを身体中でリスペクトしている。ある意味、一生追いかけ続ける永遠のライバルなんだ。

こういうリスペクトする人たちのことは、本を見つけたら片っ端から読んだりしながら、常に調べまくっていて、いろんな意味で参考にしている。

俺は、何か行動を起こすときや、少し迷ったときは、「こういうとき、織田信長ならこうするだろうな」と考えながら生きているから、自分の核にあたる部分に相当影響しているんだと思う。

彼らの「ひとりの人間としての人生」を想いながら、自分自身を見つめたとき、まだまだ俺の前に広がっている世界の大きさに、身震いする気持ちだけどね。

あと、よく「性格は変えられない」、「人間はそんなに簡単に変わるものじゃない」なんて言われるけど、それは違うと思う。

例えば、俺が大好きな西郷隆盛。彼は、「ああいう人間になりたい」という理想を描いて、日々そうなれるように努力して、必死に自己を教育して、ついには、ほとんどそれに近い人間になれたと言われている。

彼のことを書いた本の中で、**「最初は演技でもいい。でもずっと演じ続けていればそれが本当になる」**というような言葉があったんだけど、それを読んで俺は、なるほどと思った。

「理想の自分を目指せ」といったことは、みんなが言うけど、「最初は演技でもいいんだ」と言われると、妙に納得できる。

「理想の自分だったらこうするよね」という感じで、演じてしまう。最初のうちは演技でもいい。それをずっと演じ続けるうちに、本当にそう思うようになってくる。

「そうあるべきだ」と自分を作っていくと、最初は作り上げられた自分なんだけど、知らない間にだんだん気持ちもついてくる。そして、それが本当の自分になっていく。

ORIGINALITY

「自分らしさ・オリジナリティー」について

「好きな仕事や、燃えるべき対象が見つからない」

そう思うなら、まずは、サンプルを多く知ること、モデルとなる人をたくさん持つことだ。そうすれば、生き方の選択肢が増える。

いろいろな生き方があるということは、みんな知っているだろうけど、もっとリアルな具体例を知り、「こんなのあり?」といったことをたくさんインプットすることで、まずは、**自分の枠組みを外して、自分を解放すればいい。**

そのうえで、憧れる人を徹底的にマネし続け、理想の自分を作り上げてしまえばいい。

もっと、もっと、いろんな人の生き方を知ろう。

他人を知るということが、自分を知るための最大のヒントになるから。

そして、まずはマネしてしまおう。

どうせ、たったひとりの自分の人生、オリジナルに決まっているんだから。

どんなヒーローも、誰かのマネから始まっている。
まずは、憧れる人を徹底的にマネすることだ。
そのうちに、ふと気がつくと、オリジナルが生まれているから。

WORK
&PLAY

No.09

「遊びと仕事」について

Keyword: 9

大人がマジで遊べば、それが仕事になる。

WORK&PLAY

「遊びと仕事」について

よく、「仕事の時間と遊びの時間のメリハリを」とか言うけど、俺はピンとこない。「今、仕事してる！」とか、「今、遊んでる！」とか、そういうのは考えたこともない。俺の場合、一般的には、遊んでいると言われるようなときに、いいこと思いついたりして、企画が生まれて、結果、仕事が評価されたり、お金につながっていることが多い気がする。

要は、まず自分が楽しむこと。そして、それを他人も共有できるカタチにすれば、飯は食える。

自分が「楽しいな」と思うことを仲間と一緒に一生懸命やると、人が喜んでくれる。俺にとっては、その「楽しい」という言葉は意外と深いんだ。

よく「自分だけが楽しくて、まわりの人は悲しんでいてもいいの？」という話があるじゃん？　俺もなんとなくそんなことを考えていたときもあったんだけど、俺の楽しいという言葉の中に、他の人が泣いている絵は入っていないんだ。自分が楽しければ、まわりが悲しんでいてもいいということではない。**まわりの人も喜んでくれている絵が、俺の中の"楽しい"なんだ。**

だから、今は確信を持って言えるよ。

俺が楽しいと思うことを一生懸命やると、多くの人が喜んでくれる。

これは、人間が持っている根っこの方の感覚だと思うよ。

俺が書いている本もそうだ。

「本を書いて何かメッセージを伝えたい！」というより、「こんな楽しいことあったよ」という風にハッピーを伝えようとすればするほど、喜んでもらえている感覚がある。

東日本大震災の支援活動のときもそうだった。

俺が理事をやっているＮＰＯで、現地にボランティアの人たちが集まれるビレッジを作ったんだ。

そのとき、最初は「楽しくやる」なんて場違いかなと考えていたんだけど、でも、それではとてももたないと思ったんだよね。難しい顔してやるだけじゃ、とても続かない気がした。だからやっぱり楽しいやり方でやろう、と。

ボランティアスタッフをチーム分けして、昼はそれぞれの持ち場でしっかり作業して、夜はビレッジで、みんなでワイワイ報告しあう。焚き火を囲んで、歌ったりしながら、楽しんで。また朝から、笑顔で持ち場に散っていく。そしてもちろん、作業しているときも楽しんでやっていた。

そうやって楽しんでいる感じが、現地の人たちにも喜んでもらえたし、復興作業の結果としても大きく表れた。実際にボランティアしてくれた人たちも、「逆に元気をもらえた」と喜んでいたし。結局、２万５千人もの人たちが参加してくれた。

ちょっと興味深いのは、最近、自分が面白いと思うものの方向が、なんとなく、いわゆる福祉系や人助け系に来ていること。車椅子のオヤジを連れて、キャンピングカーでアメリカ大陸を横断したり、全盲のカメラマンと一緒に本を作ろうとしていたり。「いいことやっています」とアピールしたいんじゃなくて、単純に、「面白いと思うことをやると、人が喜んでくれる」というのを感じるのが気持ちいいから、自然にやっているんだ。

震災の支援活動やっているときも、「困っている人のことを思って、偉いですね」と散々言われたんだけど、なんか腑に落ちない部分があった。面白いからやっているんだけど、

「やっていることが役にたつ」という確信は持っているから、そう言われると半分ぐらい嬉しいんだけど、半分ぐらいは「ちょっとわかっていないね」と思っちゃう。

ま、人にどう思われるかはさておき。とにかく俺は、自分が面白いと思うことを一生懸命やっていくよ。

マジになって遊んでいれば、それが人の役にたち、仕事になっていったり……。

大人がマジで遊べば、それが仕事になる。

遊ばざる者、働くべからず。

ENERGY

No.10

「自分のエネルギー」について

Keyword: 10

俺自身のエネルギーは、「おいしい、楽しい、気持ちいい」みたいな日々の喜びから、生み出されているような気がする。

「自分のエネルギー」について

いくら忙しくても、**「自分の心が喜ぶ時間を、生活に盛りこもう」**と意識している。
それが燃料になって、俺はいつも元気でいられる。

自分で自分を客観的に見たときに、いつも感じることでもあるけど、俺自身のエネルギーは、主に、「おいしい、楽しい、気持ちいい」みたいな日々の喜びから、生み出されているような気がする。
そういう気持ちがエネルギーとして補充されて、それでまた楽しいことをやって、またエネルギーが補充されて……と、常に循環していることで、いつも元気に走り続けることができている、みたいな感じ。まぁ、ガキの頃から、ずっと同じなんだけど。

例えば、人と話すことでも、釣りやサーフィンやシュノーケリングやスポーツをすることでも、漫画や映画や本や音楽や写真や芝居やゲームに触れることでも、うまい酒やうまい料理を食うことでも、景色や夕陽や朝陽や潮風や星に溶けることでも、なんでもいいんだけど、自分が、「おいしい」「楽しい」「気持ちいい」「すげぇ」「サイコー」と感じるような時間を、生活の中に、うまく自分で盛りこんでいく癖をつけることで、エネルギーがあふれてきて、結果、自分のやるべきことも速く進んでいる気がする。

たまに、うまくいかないこととかあっても、そのエネルギーが循環していて、**心の根本に「生きること」自体への楽しい気持ちがあるから、心は折れない**という感じかな。

仕事なんて、結果が出れば、やり方はそれぞれでいいと俺は思っている。それぞれに「求められている結果」があって、「時間の使い方」は、各自の自由に任せて。好きに時間を使って、自分の生活をちゃんとデザインしながら、「楽しく、気持ちよく暮らしながら、ビシッと結果を出すライフ」を送るセンスを磨いていこうと、いつも思っているよ。

最近、俺自身は、のんびりデイス＝エネルギーチャージとかいうことではなく、どこにいても、常に魂が喜んでいる感じ、体内のエネルギーが気持ちよく循環している感じになるように、生活を＝人生をデザインするコツみたいなものをつかんできているのかなって気がする。

ENERGY

「自分のエネルギー」について

自分にとっての燃料は？
何を燃料にして生きている？
これを知ることは、楽しく生きていくうえで、かなり重要だと思うよ。

自分の心が喜ぶ時間を、
生活に盛りこもう。

TEAM

No.11

「チーム・仲間」について

Keyword:11

俺が好きなことをやって
自由でいられるのは、
チームがいいから。
そういうチームを
作れているから。

TEAM

「チーム・仲間」について

俺はチームが好き。愛すべき仲間と協力しながら、何かを成し遂げるのが好きなんだ。職人としてひとりでやっていったり、風来坊として生きていくのであれば、チームなんてなくてもいいんだろうけど、俺はそういうのじゃない。

俺が好きなことをやって自由でいられるのは、チームがいいから。そういうチームを作れているから。

俺にとってチームは、バンドのようなイメージ。**みんな、それぞれが自分の「これが得意！　これで勝負したい！」というところを出しあったときに、ひとつの輪が完成する。そういうチームを目指している。**

「俺についてこい！」というのではなく、俺もリーダー＆ボーカルという役割を持ったひとり。だから、ギターとベースとドラムがチームにいて、合わさって曲ができるという感じなんだ。

みんなが力を発揮したら、素敵な音、ハッピーな結果が出るようなメンバー構成を意識している。**馴れ合いの表面的な一体感ではなく、独立した人同士がかもし出す深い一体感を求めている。**「仲間とうまく調和して……」というのとは、少し違うのかもしれない。

「チーム・仲間」について

TEAM

「チームの作り方」と言うと難しいけど、まずは、自分がやりたいことを表現することじゃないかと俺は思っている。

まず「俺はこういうことをやりたいんだよね」とやりたいことを言う。そこに共感がない人と組んでもうまくいかないから。

そこから、「俺はこういうことは得意だけど、そういうことはあまり得意じゃないんだよね」とはっきりと言ってしまう。そうすれば、「こういう人を募集」と細かく言わなくても、求めている人が伝わる。

あと、やりたいことをどんどん話していれば、聞いている人もよくわかるよね。「この人、こういう視点が抜けているな」、「こういうサポートがないと実現できないな」といったように。

ただ「仲間になろうよ」というものではない。「ちょっと気が合うね」といった話でもない。

「一緒に目指してみたいよね」とか「楽しそうだ」とか「それ、自分がもともとやりたいことだったんだ」とか、そういうことで自然に仲間が集まる感じなんだ。

そういう意味では、**最高の仲間を作る一番の方法を一言で表すなら、「まず自分が、好**

きなことをやり続けていくこと」なんだと思うよ。

自分の描く絵に、この人の能力が絶対に必要だ、といったことがあれば、「こういう人がいないと、このプロジェクトは絶対実現できないから、頼むよ、一緒にやろうよ」と、頼みに行くこともあるかもしれない。でも、俺はあまりそのタイプじゃないかな。

「俺に人生を全部乗っけてこい、一生面倒みてやるから！」という『高橋歩組』のような感じは、俺はちょっと苦手なんだ。それはそれで素晴らしいチームだと思うんだけど、俺はあまりそういうのは得意ではない。

みんなそれぞれの人生があって、俺と同じだけの重さの人生がある。そういう中でそれらを重ねて、「ここは一緒にやろう」という感じでやりたい。それが素敵だと思っている。

「人選」なんて言うと大げさだけど、核となるメンバーだけは、最後までやるよと言い切れる奴らでやりたい。そこだけは、信じられる奴が欲しい。

逃げ道を持っている人と一緒にやっていくのは、かんべん。

辛くなったからやめるとか、最近楽しくないからやめるとか、お金がなくなったから

TEAM

「チーム・仲間」について

やめるとか、そういうのが絶対に出てこない仲間、いろいろうまくいかないときがあっても、絶対にあきらめず、逃げ出さず、一緒に問題に立ち向かえる仲間と一緒にやりたい。

俺が、今まで、自分とその仲間に対して誇れることがあるとすれば、きっとそれは、「逃げなかったこと」だけ。どんなことがあっても、こいつは逃げることはないという信頼があるからこそ、余計な心配もなくなり、前に進む力が生まれるんだ。

今はやりたいと言っているんだし、もっと気軽に、最後までやるかどうかなんて、確かめなくてもいいじゃん、というのもわかるけど、そんなチームでは夢は叶わないと俺は思うから。

まぁ、一番は、俺自身が、「何かあったらいなくなってしまうかもしれない奴」と一緒にやっていても、ともに成長していく喜びも感じられないし、なんかワクワクしないから、ということかな。単純にそれでは寂しいから。

あと、「あゆむさんみたいに熱いチームを作りたいんですけど、俺のまわりには熱い奴がいないんです」といったことをたまに言う人がいるけど、それは、「お前が熱くないから」という一言で終わり。

やっぱり自分のまわりには、根っこに流れているバイブスが似たような人が集まっている。

熱くない奴のまわりに、熱い奴は集まってこない。まずは自分ありき。

「自分の色があるからこそ、誰かと一緒に虹が創れる」ということだ。


チームでやるのはもちろん楽しいし、言うまでもなく、仲間は大切。

でも、「仲間がいないとできない」とは思わない。

「ひとりでもやるぜ」という気持ちは、常にないとね。

矛盾しているようだけど、「ひとりでもやるという覚悟」が、素晴らしい仲間を集めるための最大のコツなんだと思うよ。


「好きなことをやり続けていくこと」

それが最高の仲間を作る一番の方法。

DEATH

No.12

「死」について

Keyword: 12

時間は無限にある
という感覚で生きている人は、
行動力が鈍いが、
人生の残り時間は限られている
ということを知っている人は、
自然に動く。

DEATH

「死」について

インドのバラナシという町にあるガンジス川沿いの火葬場で、人間が丸焼きにされるのを至近距離で見つめたとき、自分自身の人生の残り時間を、リアルに強く感じた。

日本だと、死は隠されるもの。だから、死というイメージがなんとなく曖昧だったんだけど、自分の目で見たときに、当たり前だけど「俺もいつか死ぬんだ」ということを強く意識した。

そして、「やっぱ、やりたくねぇこと、やってる暇はねぇ!」と思った。

「まぁ、いつかは死ぬよね」ではなくて、人生80年とすれば、俺は今40歳だから、あと40年。「あと40回『あけましておめでとう』って言ったら死ぬんだな」とか、「親だって、もし年に1回しか会えないとすれば、あと十数回しか会えないんだな」とか、そういう**人生の残り時間みたいな意識**が入ってきた。

「夏休みが終わりまで、あと何日」というのと近い感じで、「80歳で人生終わるとしたら、あと何年」と、人生も逆算するようになってきた。意識しているというよりは自然に考えるようになった。

だから何かやるとき、「あと40年で死んじゃうんだったら、やっておくかな」という感じで、自分の行動というものに影響はしているんだと思う。

時間は無限にあるという感覚で生きている人は、行動力が鈍いが、人生の残り時間は限られているということを知っている人は、自然に動くよね。

世界一周しているときもすごく感じたけど、いろいろなことをやればやるほど、いろいろな人と出逢えば出逢うほど、いろいろなことを知れば知るほど、見れば見るほど、今回の80年という人生の中で、自分にとって本当に大切なことがシンプルになっていく気がする。

生き方は人それぞれだけど、自分の身体はひとつだし、今回の人生は80年しかなくて、やれることは限られている。大切なのは「それをわかったうえで、自分はこれを選んで生きている」というスッキリ感なんだ。

自分の人生に対する、いい意味での開き直りというか、ドライな感じというか、深い意味での、あきらめというか……。

「何かを選ぶということは、何かを捨てるということ」というリアルを前向きに受け入れる強さ、潔さ、凛とした生きる姿勢みたいなものが欲しいね。
まさに、インドの人が「メメントモリ〜死を想え〜」という言葉にこめた想いであったり、ネイティブアメリカンの人が、『今日は死ぬのにもってこいの日』や『リトル・トリー』という本で語った気持ちであったり、星野道夫の本に出てくるアラスカの原住民の人たちであったり……。俺が、そういう人たちから受けるメッセージは、いつも、そのあたりを訴えかけてくる気がする。

変えられることを変える勇気を。
変えられないことを受け入れる大きな心を。
そして、そのふたつを見分ける叡智《えいち》をください。

そんな、ネイティブアメリカンの言葉が細胞に染みるよ。

メメントモリ。
死を想え。

CONVERSATION

No.13

「会話すること」について

Keyword: 13

どんどん話していくことで、自分の頭の整理もできて、自分の中に入っていくというのが俺のパターンかな。

CONVERSATION

「会話すること」について

俺は、自分の中でピンときたものや思いついたことは、すぐにまわりの仲間に話している。

例えば、「この前、ジョン・レノンのインタビューを読んでいたらさ、こういう言葉があって。すごくピンときたんだよね〜」くらいの感じで、飲み会なんかで、どんどん話している。

そうすると、「あ、だったらあの本読んだ?」、「俺の知り合いで、そのあたりのこと超詳しい人いるよ」とつながっていったり、何か新しいインスピレーションが湧き出たり、仲間が集まってきたりする。

そういうことを繰り返していくうちに、輪郭がはっきりしてきて、自分のものになっていく。

それに、**自分が考えていることを誰かに話すことで、頭の中が整理されることも多い。**

誰かに話している自分の言葉を聞きながら、「へぇ、俺ってそんなこと思っていたんだ」なんて、自分自身に驚いたりすることもある。

ひとりで力一杯押しても開かなかった扉が、誰かと話すことで、知らないうちにすーっと開いていることがよくある。

自分がずっと言葉にできなかった気持ちが、何気ない会話の中にぽろっと出てくることもある。

机に向かって、うーんと考えているだけじゃなく、どんどん話していくことで、頭の中が整理できて、自分の中に入っていくというのが俺のパターンかな。

あと、**「自分だけで考えなきゃ」と思いがちだけど、それは「誰にも相談しない」ということではない。**

もちろん、最後に決めるのは自分だけど、自分でじっくり考えて、それでも見えないことは誰かと話してみればいい。

いつでも、自分の頭で考えて、プランして、カタチにしていくことのできる人でありたいけど、やっぱり誰にでも、いくら考えてもいいアイデアが思いつかなかったり、うまく計画がたてられなかったり、計画通りに進まなかったりすることはある。

そういうときに、自分の中で悶々と考えこんでしまったり、意味不明なプライドから誰にも相談しなかったりで、結局、仕事のスピードが落ちて、結果が出なくなる人と、

「?」がついたら、サクッと仲間に相談・確認しながら、なんとか方向性を見出して、スッキリした気持ちで、ガンガンで次に進んでいける人がいる。

金銭的な面も含めて完全にひとりでやっている職人ならまだしも、会社やチームでの仕事では、ひとりの仕事の遅れや能力不足が、みんなの迷惑になるし、誰かの頑張りを無駄にしたりもするわけで、止まっている時間なんてないはずだ。

チームで、みんなで同じ目標に向かって頑張っているなら、どんどん気軽に相談しあって、いいヒントをもらい合えるという、チームスタイルのいい面を活かすべき。

ビジョンがあれば、「俺は大丈夫。任せてくれ」で問題ないけど、もしそれで、結果が出ないんじゃ、ダサいだけじゃなくて、迷惑でさえある。

なんでもそうだけど、**「まず整理しながら、自分の頭でよく考えてみる」、そして「曇っていることは、素早く誰かに相談しながら、スッキリさせる」という能力は、イメージをカタチにしていくうえで、重要な能力なんだ。**

まぁ、当たり前のことだけど、どうせ、やるのは自分なんだから、気軽に仲間に相談したり、確認したりすることは、自分でやっていないということではない。

どんなすごい奴を見たって、結局、すべてのオリジナルは、マネすることから始まっているわけだし、近くにいるチームメイトのいい思考回路や癖を、互いにパクリあって、いい情報を共有しあって、最速でチーム全体としてのパワーをあげていくのが理想だよね。

気軽に話してみれば？

FOCUS

No.14

「集中すること」について

Keyword: 14

結果を出す人は、
やっぱり、
人の見てないところで、
狂ったように必死にやっている。

「集中すること」について

好きなことで飯を食っていくために大切なことは、とてもシンプル。「好きなことに、狂ったように集中・フォーカスして、おもいっきり訓練を重ねて、専門的な知識と技術を身につけること」だ。

そうしないと、やっぱり、好きなようには生きられない。

自分が特殊な能力を持っていないのであれば、誰でもできることをやるのは当たり前。人というのは、やればやるだけ成長していくものだから、「どうやったらもっと成長できるのか？」を考え続け、とにかく頑張るだけ。シンプルな話だ。

誰でも、なんの仕事でもそうだけど、やっぱり、やりたいことで飯を食っていくためには、それで金をもらうプロとして、専門的な知識や技術が必要なわけで、それらをがむしゃらに身につけていく姿勢やプライドが絶対不可欠だと思う。

自分らしさがどうこうとか考える暇があったら、少しでも、専門的な技術と知識を磨いた方がいい。

俺が20歳で自分の店を持つためにバーテンダーを目指していたときは、「1日21時間体制！　睡眠時間3時間！　3時間だけ寝かせてください」とか言いながらやっていた。

自宅にもカクテルセットを一式買いこんで、彼女に客を演じてもらいながら毎日特訓していたし、『バーテンダーズマニュアル』という本は肌身離さず持ち歩き、テレビを見るときも、常にボトルをくるくるまわしていたし、風呂に入るときでもカクテルのレシピを書いた防水タイプの単語帳を持っていたし……。

「睡眠以外の時間は全部、すごいバーテンダーになるために時間を使うんだ」と、完全にそれだけにフォーカスして生きていた。

そして、汚い狭いアパートの部屋に、「イチローよりも頑張っているか？」とか書いた紙を貼って頑張っていた。イチローのことはよく知らないくせに。

そうやってフォーカスして生きていると、見えるものも変わってくる。

子どもができたとたん、ベビーカーを押している人がいっぱい目につくようになるのと同じ。自分が「すごいバーテンになる！」とフォーカスしていると、本屋に行っても、そんな本ばかりが目に入るし、街を歩いていてもバーをいっぱい見かけるようになる。世界が変わる。

FOCUS

「集中すること」について

「頑張る」とかいうと大変そうだけど、「好きなゲームをやっていたら、朝になっていました」とか「漫画を読んでいたら、本当は1巻で寝るつもりだったのに、7巻までいっちゃった」とか、そういう感じに似ていると思う。

今の俺は、朝までゲームをやっていたら怒られるのに、朝まで執筆していたら褒められる。俺にとっては、グーッと自分がのめりこんでしまうことしかやらないから、それは同じなんだけどね。

「面白い」と思っているから、狂ったようにやってしまうだけ。努力という感じではない。**必要なのは、「努力できる力」よりも、「自分の好きなことを選ぶ力」なんじゃないかな。**好きじゃないことはなかなか頑張れないけど、好きなことなら自然に頑張るじゃん。

とにかく、やりたいことや目標が見えたら、あとは訓練するのみ。

表現されるカタチは、横ノリだったり縦ノリだったり、緩かったり激しかったり、優しかったり乱暴だったり、都会的だったりネイチャーだったり、本当に人それぞれだけど、やっぱり、**「伝わるもの」に共通していることは、やっている人々が、一生懸命、必死に、魂削って、自分の想いをこめている、**ということなんだと思う。

そういう見えない何かが、すべてを超えて伝わっていくんだ。

俺も、スーパー素人くん時代から、いろんなことにがんがんにチャレンジして、いっぱい失敗&反省して、死ぬほど授業料払ってクソ貧乏し続けながらも、またチャレンジして……というたくさんの経験から、やっと今は、少しずつ手ごたえをつかみつつあるけど、まだまだ、雑魚レベルだ。

そういう意味では、俺より若くて実績のない人が、必死さ、一生懸命さ、熱さみたいなものでさえ、俺を驚かせられないようじゃ、論外。NO FUTURE.

「それが、オマエの全力かよ? それじゃ、あまりに寒くねぇか?」と、自分で自分に聞きながら、日々、完全燃焼していこう。

やっぱ、全力でやった方が、単純に、酒がうまいから。

能書きたれる前に、おもいっきり完全燃焼して、日々、いい酒を飲もう。

ビバ、狂人。

やるべきことをやるときは、「狂っている」と言われるくらいで、ちょうどいいのだ。

FOCUS

「集中すること」について

ひとつのことに集中して、
狂ったように頑張っていれば、
必ず、力はついてくる。

LIBERTY

No.15

「開放の時間」について

Keyword: 15

ふっと、お遊び妄想ワールドへ
脳みそをワープさせる癖をつけると、
いいアイデアが浮かぶときがあるし、
単純に楽しくなる。

「開放の時間」について

目的に向かって、スケジュールを組んで、実際に仕事を進めていく中で、「期間内に仕事を仕上げること」＝「脳みそをカチカチにすること」ではないと思う。

目的に対して、キューっと脳みそをフォーカスして、深く狭く集中していくときと、脳みそパカーン状態で、柔らかくふわふわで、扉が全開になっているオープンなとき。

そんな「集中」と「開放」のふたつの時間を、意識して生活に盛りこむ必要があると俺は考えている。

「いつまでにやらなきゃ！」だけに心を奪われて、切羽詰まって、時間だけに追われて仕事をしていると、知らぬ間に視野が狭くなって、やらされるだけのロボットサラリーマン化してきて、やっていること自体に面白さや遊び心がなくなっていく。

そうすると、やっている本人の楽しさや意思が伝わらなくなる。

そんなモードで義務的にこなした仕事は、ただ期間内にやったというだけで、誰の心にも届かないから、結局もう一度、最初からやり直しになったりする。

LIBERTY

「開放の時間」について

常に脳みそパカーンじゃ困るけど、集中している時間の合間に、意識的にふわふわした妄想タイムを作って、今自分が進めている仕事に対して、「なんか普通だな、これ。おもしれぇことできないかな?」といった感じで、「この場面、ルフィだったら何をするかな?」とか、「ここは、やっぱ、ナウシカのあれでしょ!」とか、「ここにバリで見た、あの店の看板つけたらビンゴじゃない?」とか……。

まぁ、内容はいろいろあるとして、ふっと、お遊び妄想ワールドへ脳みそをワープさせる癖をつけると、いいアイデアが浮かぶときがあるし、単純に楽しくなるよ。

目標に向かって、ガンガン進んでいるときでも、たまにふっと柔らかい頭で、自分の計画を見直しながら、「こんなのあり?」「これ、すごくない?」「こうしたら、どうなる?」など、遊んでみる視点みたいなものを大事にしたいよな。インスピレーションをくれる雑誌や漫画やＤＶＤなんかを片手にさ。

最近、**「肩のチカラが抜けるほど、現実のスピードはアップする」**という感覚を強く感じているんだけど、まさにそれ。

「集中」と「開放」のふたつの時間を盛りこみながら、楽しみながら、最速で突き進んでいきたいよな。

たまには、もにょもにょしようぜ。

BASE

No.16

「住む場所」について

Keyword: 16

自分の「住みたいアンテナ」が反応しているということは、きっと、その土地が呼んでいるということ。

「住む場所」について

住みたい場所に住む。

それは、楽しい人生を送るために、すごく大きなことだと思っている。

特に理由はなくても、「とにかく、ここに住みたい！」と感じるということは、それはやっぱり、何かのサインなんだ。


妻のさやかとの約2年間の世界一周の旅を終えた後、なんの予定もなかったから、世界中どこに住むのもアリだった。

帰国した俺たちは、バイクで日本中を旅していたんだけど、沖縄のゴーパチ（国道58号線）を走っていたとき、「ここに住みたい！」と心が叫んだんだ。

そのまま、左ウインカー出して不動産屋に入って、その場で家を決めた。

直感だけで、沖縄移住は決定した。


そこからすべては始まった。

まずはアジトを作ろうということで、目の前にビーチがある海辺の二階建ての建物を借りて、仲間に声をかけて、「ビーチロックハウス」というカフェバー&宿を始めた。

そこを拠点に、「音楽と冒険とアートのあふれる自給自足のビレッジを作ろう！」と、プロジェクトを立ち上げ、土地を探し始め、8年かけてビレッジを作ったんだ。
何も知らずに移住した沖縄だったけど、マジ大好きになっちゃった。

俺は東京出身なんだけど、「沖縄に暮らそう！」と決めたときも、今回（2014年）生活の拠点を移すハワイのビッグアイランドにしても、これといった理由は特になかった。
やりたい仕事があるから、友達がいるからとか、何もなし。

フィーリング、オンリー。

住みたい場所に住んで、そこから何かを始めよう！
俺の場合は、いつもそれだけ。

仕事や家庭の環境によって、そこまでは難しいとしても、引越しって、未知なる世界への冒険みたいで、ワクワクするじゃん。
新しい素敵な場所で暮らしながら、最初は知り合いなんて誰もいないんだけど、どんどん友達増やしていって、新しいやりたいことに出逢ったら、それに、無我夢中で燃えていって……。

そして、新しい世界が広がっていく。

自分の「住みたいアンテナ」が反応しているということは、きっと、その土地が呼んでいるということ。俺は、シンプルにそう思うよ。

これからハワイに住みながら、いったい何が始まるんだろう。

人間社会のごちゃごちゃに飲まれることなく、素直に、地球からのサインに従って生きよう。

好きな場所で、好きなことをやろう。

引越しは、人生を変えるための一番手っ取り早い方法かもしれない。

どこで過ごすか。どこで暮らすか。
選んでいるのは自分。
LET'S MOVE！

TROUBLE

No.17

「悩み」「落ちこむこと」について

Keyword: 17

落ちこんでいないわけじゃない。
悩んでいないわけじゃない。
ただ、その時間が劇的に短いだけ。

TROUBLE

「悩み・落ちこむこと」について

「ブルーになったり、悩んだり、落ちこんだりしないんですか？　それとも、そういうブルーになるようなことが、あゆむさんには起きてないんですか？」と聞かれることがよくある。

誰にでも、ブルーになることや嫌なことは、同じように起きているんだと思う。もちろん俺にも同じように。

そしてたぶん俺自身も、落ちこんだり、悩んだりしている。
でも、その時間がすごく短いんだ。
だから、まったく落ちこまない人、みたいに見えるのかもしれない。

俺は、ブルーになるようなことが起きたとき、すぐに「じゃ、どうする？」という方に向かっている。それをプラスに変えようとか、そういうことではなく、「じゃあ、どう解決するか？」という風に頭を持っていく。

嫌なことやトラブルは、ついつい目を背けたくなるけど、そうしていてもただずっとモヤモヤが残るだけ。一瞬でも早く解決した方が、絶対に健康的だ。

だから俺は、モヤモヤ悩む時間を極力短くして、即、解決する具体的な方法探しへと頭を切り替えている。

出版社を始めて、なかなか本が売れず、3000万円の借金を背負ったときもそうだった。当時23歳で、まわりからは「出版は頭脳勝負だから、お前たちには無理だよ」なんて言われていたし、本当にお金がなかったし……。ブルーになる瞬間もあったんだけど、**お金がないとただ落ちこんでいても、それでお金が生まれるわけじゃないから。**

「落ちこんでいる暇があったら、どうするか考えよう！」と頭を切り替えて、一緒に会社をやっていた弟のミノルといろいろな作戦を考え始めた。

それで、「貧乏自慢のテレビ番組に出て、賞金をゲットしようぜ！」なんて言って、『出版貧乏』とかいう企画書を作って応募した。最終選考で落ちて、結局出演はできなかったんだけどね。

他にも「もしこのままホームレスになったとしても、超かっこいいダンボールハウス作って住んで、他のホームレスたちに『コイツらちょっと違うな』と思わせておいて、それでホームレスのみんなを取材して、本を作ってそれを売ろうぜ！」なんて熱く語り合っていた。

TROUBLE

「悩み・落ちこむこと」について

そんな感じで、落ちこむ暇がないくらい、とにかく思いつくことをやっていた。最終的には、今まで売れなかった本の反省を生かしながら新しい本を作って、それがヒットして、そこから逆転劇が始まったんだけどね。

なんだかブルーな日々が続いていたというより、とにかく前に進もうとがむしゃらにやっていたのをよく覚えているよ。

俺だって、落ちこんでいないわけじゃない。悩んでいないわけじゃない。
ただ、その時間が劇的に短いだけ。
すぐ「じゃあ、どうする？」と頭を切り替えているだけ。

「どうする？」になったら、もうブルーじゃない。
「どうせやるなら、テンション上げてやるでしょう！」みたいな感じで、ガンガン行くだけだ。

落ちこんでいるだけでは、何も変わらない
結局、やれることやっていくしかないわけじゃん。

MONEY

No.18

「お金」について

Keyword: 18

「お金のリアル」というものを、しっかり逃げないで把握できれば、「じゃあ、どうする？」という方向に向かえる。

「お金」について

俺は、お金に対する基本スタンスとして、「父親として、家族が普通に暮らせるだけの金を」というのを、ボーダーラインとして考えている。

あとは、俺と一緒に仕事をしようと思ってくれた仲間が、同じように家庭を爽やかに運営できること。これは、リーダーとして、俺の責任だと思っている。

これだけ守れれば、変な話、別にどうでもいいというのが本音。

逆に、それだけは守れるように、魂は見せる。

そりゃ、お金はあればあるだけいいけど、あとはやりたいことがある場合に、そのために必要な分は稼ごうぜって感じかな。


もちろん「楽しくやっていこう」というのが基本だけど、「みんなで楽しく、有意義な活動をしています。でも倒産しました」では、あまりにも情けない。

「いいことしているけど、借金地獄で、継続は難しい」というのではなく、「いいことしていて、いい人もいて、もちろん、お金もありまっせ」というようにしないと、単純に、かっこよくないから。

ちょっと話は変わるけど。俺は、自分たちのバーを始めるときも、出版社を始めるときも、自己資金と呼ばれるものは全然なかったから、自分のまわりの人や友人たちに、ほとんど貸してもらって、借金だらけのスタートだったんだ。

俺は「5年くらい死ぬ気で働いて、お金を貯めて、それからやろうかな」みたいな気持ちも、最初は普通にあった。でも、やっぱり「どうしても今やりたい！」、「借金してでも、今やりたい」と思ったんだ。

それで、友人や知り合いに片っ端からお金を貸して欲しいと頼みまくった。

そのときに「素人が借金して始めて大丈夫なの？　もしコケたらどうするの？」と何度も言われた。

それに応えるために、借用書と一緒に渡す企画書に（企画書と呼べるほど立派なものじゃなくて手書きで作ったものだったけど）、「売れる理由はこんな感じ。絶対に店は売れるので、お金をこういう感じで返します」ということをいろいろ書いていたんだけど、その一番下に、**「もし駄目な場合でも、日雇いの肉体労働をして絶対に返します」**と書いていたんだ。

この部分がリアルでよかった。

MONEY

「お金」について

お金を貸してくれた人たちが「企画書って胡散臭いのがいっぱいあるけど、最後に『最悪、日雇いの肉体労働で絶対返す』って書いてあると、マジ和むよ」とよく言っていたよ。

俺の頭の中も、きっとそんな感じだったんだと思う。

「うまくいくまで頑張ろう」、「絶対にうまくいかせるぞ」という気持ちはありつつも、「最悪、肉体労働をすればお金は返せるから、人生を棒に振ることにはならない」というリアルがあったのは大きい。

その辺を自分の心の中でスッキリさせることで、覚悟が決まったというか、「よし、やるぞ!」とパワーが生まれたのを覚えている。

とはいえ、店を始めた最初の頃は、まだ考えが浅かったから、「関係ないよ、金じゃないだろ」くらいの勢いでやっていたんだけど、だんだんみんなの給料が限りなくゼロに近づいていって、家が借りられなくなったり……。遂には、食うものがまともに買えず、病院で栄養失調と診断されるレベルの、本当に信じられないところまでいってしまった。

そんな頃からだんだん、「今実際にいくら足りなくて。いつ、いくら支払いがあって。

これは頼めば少し支払いが延ばせるな」と、お金のことを、**ポジティブでもなく、ネガティブでもなく、リアルに考えるようになった。**

これは、「いえーい！　やっちゃおうぜ！」というノリノリな自分だったり、「よし、こういうのがいいね」というクリエイティブでガンガンに向かっていく自分とはまた別の面だ。

「はい、じゃあちょっとリアルタイムです」みたいな感じで、経理の仲間が「はい、ここからポジティブトーク禁止」と言って、そこから始まるお金会議を週1回は必ずやるようにした。

現実を、リアルに俺に把握させてくれと言って、しっかり数字を見ながら把握して、「わかった。まずは今月の月末に向けて頑張っていきましょう。さて、具体的には……」と進んでいた。

「お金のリアル」というものを、しっかり逃げないで把握できれば、「じゃあ、どうする？」という方向に向かえる。

でも把握しないと、「やべぇ、マジ金ねぇ」というブルーな感じだけがずっと残ってしまう。

MONEY

「お金」について

お金のことはできれば考えたくない。しかも、”ない“お金のことを。だから、無意識に後まわしにしてしまいがちなんだけど、1日でも早くリアルに向き合えば、「じゃあ、どうする?」と動くための時間がそれだけ長くなるわけだ。

ブルーになっている時間をなるべく短くして、ただ「金がねぇ」とかじゃなくて、「金がないから、どうする?」というところに早く行かないと。

当たり前のことなのかもしれないけど、俺は今でも、とても意識しているよ。

でも、お金がなくて、そういうのが本当に嫌だったら、やめればいいんじゃない?

無理して粘る必要はないと思う。

「やめたい」と思うんならやめた方がいい。耐える必要はない。そんなの本当に精神的にもブルーになるだけだから。

「そんなことまでしてやりたくない」、「サラリーマンの方がよっぽどましだ」と思うんだったら、そっちに行けばいいんじゃないかな? それは人それぞれだ。

だから、リラックスした方がいいと思う。

「本当に嫌だなと思ったらやめよう」と、俺もいつもそう思っているよ。

「やり遂げなきゃ駄目」みたいな変な感じではなく、**「こんなことまでしても、やっぱりやりたいんだよね」**というシンプルな気持ち。

それに耐えられないということは、本当にやりたいことじゃないだけ。

だったら、やめちゃった方がいいよ。


ポジティブでもなく、ネガティブでもなく、リアルに。

TALENT

No.19

「才能」について

Keyword: 19

「自分には才能がないから無理」と、
自分の未熟さを、
生まれつきの
才能のせいにするなんて、
両親に失礼だよ。

TALENT

「才能」について

「才能がないから」とあきらめたら終わりだ。

スポーツで世界2位が1位に勝てないというトップクラスの中では、才能という言葉を使ってもいいかもしれないけど、「やりたいことで飯を食う」とか「好きなことをやっていく」とか、そういう話の中では、生まれ持っての才能とかと関係なく、絶対にやれると思う。

「自分には才能がないから無理」と、自分の未熟さを、生まれつきの才能のせいにするなんて、両親に失礼だよ。

俺自身、特別な才能なんて何もないけど、やりたいことはなんでもできると思っている。それは、「俺はどんなことでもできる」という意味ではない。俺は、数学のプロフェッショナルには絶対になれない。それは好きじゃないから。好きでもないものをやりたいとは思わないでしょ?

俺は、『ピンポン』という松本大洋の漫画が大好きなんだけど、ひとつだけ反対したいことがあるんだ。

あの漫画では、スマイルが天才で、アクマっていうのが一生懸命練習しても卓球で勝てない。「それは才能が違うから」という結論なんだけど、俺は練習の仕方次第だと思ったんだ。

スマイルに勝てないアクマが、ただひたすら走ったりしているだけ。それは違うでしょ？それでうまくならないのは才能ではなく、練習の仕方の問題。ちゃんとした練習をすれば、別に負けない気がするんだ。県大会ぐらいで、才能とかそういう話じゃないと思うよ。

「才能なんて関係ない」と、俺がそう思いたいだけなのかもしれない。

だって、目に見えるもんじゃないから。才能のあるなしも答えがないから。

才能が……という言葉を使ったら、もう終わりじゃない？

「俺は言葉を綴る才能が、ジョン・レノンより負けている。彼は生まれながらの天才だから」と言ってしまった瞬間に、なんか俺の今の日々は終わりじゃね？　というのがあるんだ。

俺は、ずっと自分を信じて頑張り続けたいから、才能なんて関係ないと言いたいんじゃないかな。そういう思いが、なんとなくある。

TALENT

「才能」について

天才と言われる人たちがみんな、3歳で世界チャンピオンみたいな人ばっかりだったら、「生まれつきの才能が違うから無理！」とあきらめるかもしれないけど、意外に普通の奴が多いじゃん。

そういうのを見ていると、「なんだ。俺にもできそうじゃねぇか、このやろう」と思える。イチローだって、子どもの頃、俺がファミコンやっているときに、バットを振っていただけの話。

自分のまわりを見ていても、すごいなと思う人はいっぱいいるけど、努力がまったく見えない人なんていない。やっぱりしっかりやっている。それだけやっていれば、そうなるよねと納得できる。

「努力するのも才能だ」と言ってしまったら、もうなんだかわからない。

結局、好きなことだからやる、やっちゃうということなんだ。

自分の息子を見ていても、すごく思うよ。好きなことは楽しいから、一生懸命やっちゃう。だから、ゲームとか超うまくなっている。

彼は今、戦国時代をテーマとした『信長の野望』というゲームにハマっているんだけど、本当にすごいよ。自分で細かく研究しながらやっていて、「裏切る人間を先に送りこんで……」とか、恐ろしくなるような作戦を組んで勝ち進んでいる。さらに、戦国時代の漫画を読みこんで、「あ、武田信玄ってこんなことやってんのか」と自分なりに学びながら、またのゲームに生かしたりしている。

そんなの絶対に、俺には教えられない。彼が好きだから勝手にやっているだけ。あんなの、学校の授業で教えようとしたら超大変だよ。

天才と言われている人も、実は好きなことを一生懸命やっているだけ。

好きなことでなら、みんな天才になれるよ。

才能のせいにしたら、
もうそこで終わりじゃない?

CONVEY

No.20

「伝えること」について

Keyword: 20

自分の心の井戸を掘るように
モノを作ることができれば、
きっと多くの人に伝わる
普遍的なものができあがるんだと、
俺は信じている。

「伝えること」について

コンセプトもマーケティングもクソ食らえ。

すべては、好奇心に導かれるまま。

自分のワクワクする気持ちに正直に、俺は作品を作っている。


でも、マーケティングが悪だと思っているわけじゃない。

もちろん、本を作るからには、多くの人に読んでほしいということは何も変わらない。

その手法の問題なんだ。いわゆる一般大衆のトレンドみたいなものをうまくキャッチして、そこに投げていくみたいな手法を、俺があまり好んでいないだけ。

そういったテクニカルなことを思いつかないわけじゃないんだけど、そういう感じよりは、**「自分の心の井戸を掘っていけば、全人類がつながっている地下水のようなものがあり、そこにタッチできれば、きっと心の奥底でつながっていく」**というイメージを持っている。


センスも、才能も、流行も、マーケティングも、インディーズも、メジャーも……そんなものは、何も関係ない。自分の心の井戸を掘るようにして、いいものを作り続けていれば、きっと多くの人に伝わる普遍的なものができあがると、俺は信じている。

テクニカルに計算して広げることよりも、掘り進めた結果、地下水のようなものでつながっていきたいという欲求が強いんだ。


自信を持って、自分の世界を、どこまでも深めていこう。

多くの人の心に響くものは、自分のド真ん中から生まれてくるから。


俺の中では、LOVE & PEACEの広がり方も共通している。

「世界中を平和に!」と言っても、世界の平和を願うなら、まずは目の前の人を大切にすることから。自分の家族や近くにいる仲間から。そして町内会や県という地域。それが大きくなっていき、国になって、世界になって……という、近いところからだんだん大きくなっていく、広がり方のイメージだね。

ジョン・レノンを始めとして、やっぱりホントにかっこいい人たちは、自分の子どもに限らず、身近にいる、ひとりひとりの人に、ちゃんと大きな愛を注いでいる。

家族、兄弟、仲間、恋人、世話になった人などなど、自分にとって大切な人を、ちゃんと大切にすることって、意外に難しいもんな。

CONVEY

「伝えること」について

そういえば、友達の元レコード会社プロデューサーの四角大輔《よすみだいすけ》が、面白いことを言っていた。

「ミリオンセラーを記録するような爆発的に売れた曲の数多くが、たったひとりに向けて書かれていた」と。

それも同じような話だね。

たったひとりのために、という掘り進め方が、結果として多くの人に届いている。

俺が書いている本も、そうやって作ったものが、多くの人に届いているという実感がある。

妻のさやかへの想いを詰めこんだ『イツモ。イツマデモ。』なんて、まさにそうだった。言わばさやかへのラブレターみたいな本だったから、作ったときに営業部から「奥さんへのラブレターは、出版せずに直接渡してくださいよ」なんて言われたけど、結果ベストセラーになった。

ま、こういう考え方も、「それもマーケティングだよ」と言われれば、そうなのかもしれないけどね。

すごく高いところへ行くためのヒントは、きっと、足元にコロコロと転がっている気がするから、脳みそは風に乗せて、足は地面につけて、だな。

ひとりひとりに愛を。
ひとつひとつに心をこめて。
すべてはつながっている。
ONE LOVE.

いいバイブレーションは、自然に、世界へと広がっていく。
地球上のすべての水は地下水でつながっているように。
見えないところで、世界はつながっているから。

STORY No.21

「人生という物語」について

Keyword: 21

「自分の人生を、ひとつの物語として見る」その視点を手に入れたとき、人生は大きく変わる。

STORY

「人生という物語」について

俺の中にもうひとり、自分を客観的に見ている「観察君」がいる。自分を高い所から見下ろすように、全体を上から見ているようなイメージ。

俯瞰《ふかん》という視点だ。

あらためて自分という人間の無意識の癖を見てみると、俺の場合は、日々の仕事を週、月、年単位でレポート的にまとめているし、さらに、自伝を何冊も書いたり、トークライブをしたりしながら、数年、数十年単位で、自分の人生を整理してストーリー化することを、かなり頻繁に行っている。

さらに、パソコンのデスクトップにも、「A's LIFE」というタイトルまでつけて、ひと目で今のマイライフが俯瞰できるようになっている。

常に全体像や物語が見えていることで、過去の失敗を笑えたり、今やることの意味が強く感じられたり、これからの未来に希望が描けたり、自分の中で変わることと変わらないこと、そして、大切なことが鮮明になってきたり……といった要素があるのかもしれない。

俺は「人生80年」と設定しているんだけど、そういう視点も大事なんだ。

例えば出版社を始めて、2年ぐらいはまったくうまくいかなかった。ビジネス的に見ると、「2年も赤字を生み続けるのはやばくない?」、「もう客観的に見たらつぶれているし、人生考え直した方がいいよ」みたいなことをよく言われたんだけど、俺は、「別に80年のうちのたった2年でしょ。この後何年かで盛り上がっていけば80年の物語で見たときに、おいしい展開じゃん」と思っていた。

最終的にうまくいったときに、「最初の5年くらい、いろいろ大変だったね〜」と、いいネタになるから、全然問題ない。そう思っている強さがある。

よく、運が悪いことが3日くらい続いただけで、すごく落ちこむ人がいるけど、俺、そういうので落ちこむことはない。

もちろん俺だって、悪いことが数日続くこともあるけど、「最近、流れが悪いな」とは思っても、落ちこんだりはしない。**人生80年のスパンで見ているから、数日なんて映画のシーンで言えばたったの数秒だから。3日くらい、なんとも思わない。**

「人生という物語」について

何か選択するときにも「人生は80年の物語」という視点は役にたつ。

例えば、家族で世界一周に行こうと考えたときも、仕事という意味では、やりたいこともやれることもいっぱいあるわけで、日本を数年間も離れて旅をするのはどうだろう？とも考えた。

でも、子育てというものを考えると、俺の場合は、「子どもと直接関われるのは、小学校6年生までの12年間」という設定があって、長男がそのときもう6歳だったから、あと6年しかないんだよな、と思ったんだ。そう考えると、旅に出るなら今でしょ！という感じになった。

人生は80年の物語という視点があったから決められたんだと思う。

決断すべきときにその視点があるのは、すごく大きい。

あと、「誰の人生にも、春夏秋冬がある」という見方もある。

その見方を持っているから、人生的に冬の時期でも、「大丈夫、大丈夫、そういう風にできているから。今は冬かもしれないけど、この後、絶対に春が来るし」と、なんだか元気づけられる。

どんなにうまくいっていないときも、俯瞰することで、「大丈夫。いける、いける。この後うまくいって、素敵な物語になる」と、前を見ることができる。

こういう話をすると、「どうやったら、物語を生きるという視点を持てますか？」とよく聞かれる。

自伝を書いてみるというのがわかりやすいんだけど、ちょっとハードルが高いかな。もうちょっと簡単に、例えば自分の死亡記事を書いてみるのがいいかもね。何年、どこに生まれ、少年の頃はどう過ごし……といったところから、「こんな感じで死んだときに記事になったらベスト」というものを書いてみるのはいいかもしれない。

ベストライフを描いてみるのもありだね。

明確な人生設計をしろみたいな話ではなくて、イメージで全然いいんだけど。「こんなになっていって、こういう人生になっていくと楽しいんだよね」といった感じで、「海の近くに住んでいて」とか、「家族で仲よく、湖畔で釣りをしながら」とかなんでもいいんだけど、**「自分にとってのベストライフはどんなだろう？」**と描いてみる。

STORY 「人生という物語」について

それは、自分を知るうえですごく大事な質問だと思うよ。

そういうことを、近い人と話してみるというのが楽かもしれないね。

俺も、妻のさやかとよく話しているよ。

今はちょうどハワイのビッグアイランド（ハワイ島）に拠点を移そうとしているところだから、「ハワイ行ってから、どんな感じの日々がベストかな？」みたいなことを日々話しているんだ。

そんな感じで自分のライフを描きながら、自分をふわっと俯瞰しながら、客観的に見られるようになると、いろいろ変わってくると思うよ。

人生は80年の物語。
今まで、自分はどんな物語を生きてきたんだろう？
そして、これから、どんな物語を生きようか？

LET GO

No.22

「捨てること」について

Keyword: 22

「何かを選ぶということは、
何かを捨てるということ」
そうやって割り切って生きていくと、
やっぱりその方が気持ちいいなと
感じるようになってきた。

LET GO 「捨てること」について

世界中を旅しながら、シンプルに、気持ちよく生きている人たちに出逢っていくうちに、「俺は、ずいぶんと人生に必要じゃない荷物を背負っているな」と感じた。

それで俺も、**多くのものを守ろうとするんじゃなく、本当に大切なものだけを深く愛していきたい**と思うようになったんだ。


もちろん、全部大事だよねという気持ちもある。

大きな意味で言うと、人生に不要なものなんてないのかもしれない。

でも、自分の体はひとつしかなくて、物事に対して深く向き合って考えられる頭のキャパは限られている。そして、時間も限られている。

そうすると、結局、セレクトせざるを得ないんだ。

そういう割り切りが、俺にはある。


だから、**なるべく多くのもの、多くの人と関わっていくというよりは、なるべく狭くして、深くしたい**といつも思っている。

そんな想いが、心の井戸を深く掘り進めることになり、みんなの心の奥に流れている

LET GO

「捨てること」について

地下水のようなものまでタッチすることにつながり、結局は世界に広がっていく。

そういう感覚はすごく強く持っているよ。


何かを選ぶということは、何かを捨てるということ。

そうやって割り切って生きていくうちに、やっぱりその方が気持ちいいなと、どんどん感じるようになってきたんだ。

なんでもそうかもしれないけど、バランスという言葉を使って、両方ともうまくおさえておこうとすると、なんとなく安心はするかもしれないけど、うまくいかない。

だけど、バンッと片方に寄ってしまえば、「もうこっちで割り切っていくしかないんだ」と、シンプルに重心が乗る。

なんとなくキープしながら両方気にしながら進むより、バンッと決めてしまって、スコーンといっちゃう方が、余計なことを考えなくなるし、思考回路もシンプルになるからいいよね。


あと、選択できる、捨てることができるということは、自信を持つということなのかもしれないね。

世界一周の旅をしているときに、よく思ったんだ。「誰、おまえ?」という自分のことなんて誰も知らない世界に飛びこんで、キャンピングカーに乗ってよくわからない道を運転して……そんなところで、「自分は大丈夫だ」と自信を持つことができれば、何も守ろうとしなくてもいいんだな、と。

俺は、そういう自分を作りたいというのがあるのかもしれない。


仕事のことで言うと、アメリカンバーであったり、出版社であったり、沖縄の自給自足ビレッジであったり、すべて軌道に乗ってきた頃に仲間にバトンタッチして、俺は経営権を完全に手放しているわけなんだけど、「せっかくうまくいき始めたのに、もったいなくないですか?　経営者としてはそこからがおいしいところなのに、なんで手放すんですか?」とよく聞かれる。

これは俺の本能的なものなんだけど、**単純に「ワクワクするか、しないか」の問題。**

ワクワクしないから手放して、自分をリセットしている。

「ゼロからイチ」という言葉もあるけど、そういう何もないところから創り上げていく状態が、俺は好きなんだ。そこが一番燃えられるからね。

例えば、飲食店を4店オープンさせてうまくいっていたとき。それらを維持しながら、収入を得て、事業拡大して、それなりに勝っていく、というのが、俺にはピンとこなかった。そうしようとすると、どうしても「維持するパワー」が必要とされてしまう。俺は、そこに大きな嫌悪感がある。**維持しなければとエネルギーを使っているところに、自分の成長を感じないから。**

それよりは、「ゼロからやらなくちゃいけない」という状況に入れた方が、自分が描く大きな人間に近づけると思っている。

だから、「維持エネルギー」みたいなものが働いてないうちは、俺は楽しくやっていける。でも、それが働き始めると、本能的にやめたくなってしまう。

つまり、「軌道に乗る」という感覚が、俺にとって、終わりを意味しているんだ。

なんでも、それなりに規模が大きくなってくれれば、だんだんシステマチックになってくるじゃない？　でも俺自身は、システムをより洗練させていくことにあまり興味がないし、得意じゃない。

逆に、そういうのが得意な人や燃えられる人もたくさんいるよね。

どちらがよくて、どちらが悪いということじゃない。好き嫌いの問題。俺には向いていないだけ。

あと、「手放すのはもったいない」というのもあるけど、俺はそうは思わない。

もう1回やろうと思えばいつだってできるから。

本当に大事なものは全部俺の中にある。経験や想いとして残っている。

だから、別にお店だろうが出版社だろうがなんだろうが、自分がゼロから創り上げたものなら、それを仲間に譲ったり、失ったりしても、本当にもう1回やりたいと思えば、いつだってできる。損したなんて思わない。

生活レベルの話で言うと、ネットのニュースやフェイスブックやツイッターを、なんとなくダラダラと見てしまうことがある。最近、そういう時間をナシにしてみたんだ。もちろん、意識的に調べるものがあるときは見たりするんだけど、「なんとなく見る」という行為はカットしてみた。

そうすると、なんだか面白い。急にスコンと暇を持て余す。そこに、考える時間みたいなものが結構できていて、新しいアイデアが浮かんだり、自分の心と向き合えたり、すごくいい感じになっているんだよね。

旅でも同じ。ネパールの山奥のバス停で4時間もバスを待たされたり、オーロラが出るまで6時間待ったり。そういうときに人間は、何か新しいこと思いついたり、自分の真ん中の部分に触れたりしているんじゃないかな。

本当に大切なもの以外、すべて捨ててしまえばいい。

身軽になると、結構楽しいよ。

それも、なんだか旅に似ているね。

くだらないことで悩むのは、もうやめよう。
いらない荷物はすべて捨ててしまえ。
生きていくうえで大切なことは、そんなに多くない。

STABILITY

No.23

「安定」について

Keyword: 23

「不安定に強い」人間でいる方が、結果、安定している。

STABILITY

「安定」について

20代前半の頃、**「倒れるときは前のめり」**とよく言っていた。

倒れたとしても常に前を見る。失敗しても、すぐ立ち上がって、前向きな姿勢のままでいこう。そんなニュアンスだよね。

「転ばぬ先の杖」という言葉があるけど、それは好き嫌いかな。

転ばないように生きていきたいという欲求は別に間違っていないし、それはそれでいいと思う。

俺はどっちかというと、なんとなく予想通りのところをなぞる感じよりは、**何が起こるかわからない方が楽しい**と思っているから、転んでもいいからガンガン行こう、と思っている。

前のめりなら、転んじゃってもすぐに立って前に歩けるから。心さえ折れなければ、何度でもいけるから。

そうやって進んでいくと、それまで見られなかった世界が出てきちゃったりして、人生は楽しくなると思っているんだ。

あと俺は、根本的には、「どうせ転ぶでしょ」と思っている。そういう前提でいっているから、転んだとしても精神的なダメージは少ないのかもしれない。

仕事だって、いきなりうまくいくわけがない。ただ、それが着々とうまくなっていれば、未来が見える。

マイケル・ジョーダンだって、最初はバスケ下手だったんだから。練習を続けてうまくなっていったというだけの話。

最初からうまくいかないのはしょうがない。だけど、成長してない奴は未来がないよね。

俺はいつもそういう風に思っている。

俺は、成長速度をとにかく上げていきたい。最速で成長したい。

そういう欲求があるから、前のめりに倒れているだけ。

それに、心を鈍くしてしまうのが、俺にとって一番怖いことだと思っているんだ。

常に堂々としているというのはかっこいいけど、**心が揺れなくなったら、生きていてもつまらなそうだし。どちらかと言うと、驚き、戸惑い、動揺し続けたい。**

そうやってチャレンジしていかないと、心も身体もパワーダウンしていく気もするしね。

「安定」について

STABILITY

逆に、「今の暮らしをほのぼのと、心配事もなく、安心して過ごしたい」というのが幸せという人もいる。それならそれでいい。

でも、人生なんて、絶対に何か起こると思うんだ。

例えば、「仕事は完璧で、もう一生の収入が保証されているから、子どもを育てのんびりと暮らそう」と言っていても、子どもが急に病気になったり、不良になったり、家のまわりが開発されて引越さなきゃいけなくなったり、なんかいろんなことが起こる。

いわゆる「安定した人生」や「計算された人生」というのは、実際はないんじゃないかな。

そういう「固めていく安心・安定」みたいなものは、結構もろい気がするよ。そっちにいくと、逆に安定感がないと思う。

俺は、トラブルやアクシデントみたいな「不安定」に強い人間でいる方が、安定すると思っている。不安定に慣れてしまえば、それが結果として安定しているということになるから。

俺は本能でそれを求めているのかもしれない。

だから俺は、家族で世界中を旅したりするんだ。

家族で旅なんて、とにかく面倒くさいことやトラブルばかり。でもその不安定な中で、それに慣れていき強くなっていく。
子どもたちを見ていても、あいつら、世界中をたらいまわしされているから、そんなのに完全に慣れているよ。不安定にはすごく強い。ちょっとやそっとでは、ビクともしないよ。

安定した暮らしなんて、じいちゃんになってからでいい。
どんどんチャンレジしなきゃ、心も身体もパワーダウンしていくぜ。

DREAM

No.24

「夢」について

Keyword: 24

夢があろうと なかろうと、楽しく生きている 奴が最強。

DREAM

「夢」について

大きな夢を持て？　自分らしい生き方を？　そんなのはどうでもいい。

究極を言えば、俺は、いつも楽しく生きていたいだけ。

だから「この夢が叶ったらいいよね」みたいな思考が今はない。

いつも「面白そうだな。じゃ、やろう！」とすぐになっていて、もちろんそのゴールはあるんだけど、それはどんどん更新されていくから、一生を懸けて叶える巨大な夢という感じではない。


例えば今、世界中に「BOHEMIAN」というレストランだったり、宿だったり、いわゆるアジトを展開していっているけど、それは"夢"というものじゃないんだ。

「ハワイにこんなカフェを作りたいよね」とか「オーストラリアのあそこに宿があったら最高だな」というのはあるけど、それはやるだけだから。

夢という言葉に対して、たぶんピンときてないんだと思う。


「夢は何ですか？」と聞かれたら、「妻のさやかにとってヒーローであり続けたい。息子の海、娘の空のヒーローであり続けたい」と答えるようにしているけどね。本当にそれぐらいしか言うことがないから。


結局、目指しているのは、「幸せに生きる」や「楽しく生きる」ということ。

夢を持つというのは、そのための手段のひとつ。

だから別に、夢があってもなくてもいいし、自分らしくても自分らしくなくてもいいし、等身大でも等身大じゃなくてもいいし、オカマでもオカマじゃなくてもいいし……。**要は、自分が幸せであれば、なんでもいい。**

言うなれば、「将来は何も仕事しないで、ずっと寝ていたり、家で遊んでいた方が幸せ」と思うんだったら、「そのためには収入もこのくらい必要」と考えて、なるべくそれに近い仕事を選べばいい。

だけど、邪魔していることがいっぱいある。

「夢を持たなきゃいけない」とか「自分らしくなきゃいけない」とか。

そんなのは気にする必要はない。自分が幸せと感じていればいいわけだから。


高校の同級生の話なんだけど。

DREAM

「夢」について

俺は進学校に通っていたんだけど、早慶（早稲田大学・慶應義塾大学）現役当たり前といった雰囲気で、東大なんかに行く奴もいるような学校で。そんな中で、明らかにすべての能力が高い奴がいたんだ。勉強はやらないけど成績はよくて、スポーツもいい感じの言わば優等生。

俺といつも一緒にサーフィンしていたから、明らかに、勉強する時間はなかったはずなんだ。テスト前ですら夜遅くまで一緒に遊んでいたし。俺はもう勉強は捨てていたから、もちろんできなかったんだけど、そいつは必ずいい点数を取っていた。

それで、早稲田あたりのいい大学に進学した。

とにかく、コイツの能力はすごいと思っていたから、将来どういう風になるか楽しみだったんだ。

それで、大人になって、久しぶりに飲み会で集まったときに、「今、何やってるの？」と彼に聞いてみた。

その頃、俺はもう自分で店をやっていたから、「あんな俺がここまでできるわけだから、きっとすごいことをやっているんだろうな」とすごく期待していた。

そうしたら、「いろいろ悩んだんだけど、給食センターで働いているんだよね」と言ったんだ。

すごく驚いたんだけど、そいつの話が始まったら、もうそれが本当に面白くて。下手すれば、みんな給食センターに入ってしまいそうなくらいの話だった。

彼にはちゃんと考えがあって、堂々と「やっぱり、未来を作っていくのは子どもだし、子どもたちの体を作っていくっていうのは、心も含めてすごく大事だと思うから」と、さらっと言ってくるわけ。揚げパンの魅力だけで1時間とか語っちゃうし。

「かっこいいな!」と思った。

そういう職業を、その頃の俺は正直ちょっとナメていた。

最初、給食センターで働いていると聞いたときは、どうしようもないところに就職したというイメージしかなかったんだけど、話を聞いていくうちに、それがすごくかっこよく見えた。

給食センターは、自分の憧れる仕事リストから完全に外れていたのに。彼があまりにかっこよかったから、「こういう奴もいるんだな。本当に職業に上下ってないんだな」と実感した。

何年か後に「主任になった」といったことが書いてある年賀状が届いて、家族の幸せそうな写真もあって。やっぱり、自分を知っているというか、スッキリとした気持ちで頑張れている人というのは、本当に幸せそうだよね。

きっと給料だって、そんなに多くないだろうし、社会的な評価という意味でも、そんなに目立つものじゃない。でも、自分が満たされていれば、それで充分なんだ。

夢のあるなしも、職業も、優劣はない。
要は幸せに生きていれば、楽しく生きていればそれでいい。

それは、みんなそれぞれ違うんだから、まわりからなんと言われようと関係ない。「俺はこうなんだよね。こういう感じで生きているのが幸せなんだよね」というのがしっかりしていればOK。それに善し悪しはない。

しょうがないよね、幸せだって感じてしまっているんだから。

自由も幸せも、なるものじゃない。
感じるものだ。

夢があってもなくてもいいし、
自分らしくても自分らしくなくてもいい。
幸せならいいわけだから。

SUCCESS

No.25

#「成功」について

Keyword:25

「死んでしまうその日まで、
俺は自分を
どこまでレベルアップできるか」
そこに自分の核がある。

SUCCESS

「成功」について

俺の場合、いわゆる〝成功〟という言葉の定義が、「会社を大きくすること」だったり、「何かでチャンピオンになること」ではない。そういう夢が俺にはないから。

結局、目指しているのは、自分の成長なんだ。

「死んでしまうその日まで、俺は自分をどこまでレベルアップできるか」

そこに自分の核がある。

だから、そういう人生、時間をなるべく送ろうとしているんじゃないかな。

やったことがないことをやり続けたい。そうやって、自分を成長させていきたい。

俺は**「自分の過去の成功例をマネない」**と決めて生きているんだけど、たぶん、そういうことに興味がないんだ。もう1回できることには全然ワクワクしない。

そう考えているから、うまくいって軌道に乗ってくると、それをやめて、またゼロに戻って、何もないところから新しいことを始めたくなる。

しかも、それまでの成功例や実績が通用しないところで。

大企業を作るとか、世界で一番の何かになるというんだったら、過去の成功例も、使えるもんはどんどん使って……という感じになるのかもしれない。

あと、もっと楽に生きることだったり、癒しみたいなものを求めるなら、過去のものをうまく使って、お金に換えていくようにするかもね。そうすれば、何もしなくても生きていけるし、新しいこと始めなければ、楽だからね。

でも、俺はそっちじゃない。


「デカい人間になりたい」というのが、俺の大ベースだから。


「デカい人間」というのは、「器」と言ってもいいし、「希望や心」と言ってもいいと思う。

その容量みたいなものが大きくなれば、そのエネルギーをお金に向ければ、お金なんていくらでも入るし、人に向ければ、人なんていくらでも集まるし、と思っている。

それだけ大きな気持ちをもった人間になれれば、なんでもできるはず。

だから、「金なんてどうでもいい」と、お金のことを考えの中から切っているのではなく、「人間の器が大きくなれば、すべて大丈夫」という確信が、俺の中にはあるんだ。

20歳くらいの自分と比べたら、今の感じは、それがすごく強い。

東日本大震災後に、みんなでボランティアを受け入れるビレッジを立ち上げたときも、たくさんの支援金と、2万5千人以上もの人が集まってくれた。

あのときは、過去の実績なんかを変にアピールしなくても、現場での俺を見てもらうことで、ちゃんとチームができあがり、人もお金も集まって、しっかりと結果が出た。

何をやっても同じなんだ。


でも、ただ、いろんなことをやりたいわけじゃないんだ。

「何かに本当にハマったら、一生それだけしかやらないかもな」と、いつも思っているし、ひとつのことを究める職人さんみたいなものにも憧れがある。


とにかく、人生は1回きりなんだから、好きなことをやり続けたいだけ。

その中で、どこまで自分をレベルアップできるかなんだよ、俺の場合は。

どこに向かっているのかなんて、知らない。
ただ、有限である人生の持ち時間の中で、
行けるところまで、自分を成長させ続けたいだけなんだ。

MY TIME

No.26

「ひとりの時間」について

Keyword: 26

忙しくなればなるほど、ひとりで静かに考える時間を大切にしている。そういう時間が、俺を作っている。

MY TIME

「ひとりの時間」について

家族がいて、関わっている仲間もたくさんいて。そんな日々の生活の中、どんなに忙しくても、1日30分から1時間は、ひとりの時間を意識的に作るようにしている。

「あれをやらなきゃ、これをやらなきゃ」というようなことは考えない、自由な時間。そんな、ゆったりとした時間を作って、ぼんやりと自分の人生を俯瞰《ふかん》する。

今日、明日をどうするかを考えるんじゃなくて、自分の人生の全体像をゆっくりと見てみる。

そうすると、「今」という時間が、余計に愛しく見えてくるし、自分の心の真ん中の部分が、ふわっと浮かび上がってくる感じがするんだ。

そういう時間が、俺を作っているんだと思う。

忙しくなればなるほど、そういう、ひとりで静かに考える時間を大切にしている気がする。なるべく気持ちのいい場所で、ノートパソコンを開き、大好きなアイスカフェオレとタバコを片手に、好きな曲を聴きながら。

ゆったりとした時間とは別で、「ひとり会議」みたいなものもよくやっているね。スケジュールを整理したり、ぐちゃぐちゃになった頭を整理したり、最近の反省会をしたり、誰かのことを想ったり、自分の心の声を聞いて、決断をしたり……。

俺の場合、まずは、自分に対して質問することから始めることが多い。

例えば、「最近、なんかつまんないな？　なんでだろう？」「〇〇がうまくいかなかったのは、なぜだ？」「同じ失敗を繰り返さないために、次からはどうすればいい？」「この経験から、何を学んだ？」「ぶっちゃけ、〇〇について、本当はどう思っている？」「この事実は、俺に何を学べといっている？」「要は、今、一番大切なことはなんだ？」「今、俺は何を決めればいいんだ？」といった感じ。

自分の一番深くてシンプルな部分を、自分に質問しながら、ノートやパソコンで書き留めながら意識的に文字にしていく。

無駄なものは捨てまくって、一番、濃い部分を言葉にしてみる。

頭で考えるだけでなく、文字にしてみることで、ハッキリしたり、スッキリしたりすることは意外に多いよ。

最近は、3つの会社やNPOがあって、家族のこともあるから、いろんなことが頭の中にあって、なんかグシャグシャっとしちゃうときも多い。もう、頭の中だけでは整理できるようなことじゃなくなっている。

こっちはこんなことが起こっている、あっちはこうなっていますと、そういう電話やメールがいっぱい来る。それぞれ解決していかなきゃならなかったりするんだけど、なんとなく、ただぼんやりと気体みたいなものとして捉えちゃうと、「いろいろうまくいってないな」、「問題山盛りだよ」と、気分がブルーになってしまう。

だから、その気体みたいなものを、俺は文字化していくことで、固体にしていく。

そうすると、スッキリしていくんだ、俺の場合。

パソコンのデスクトップに、ふと日々思ったことを書いたり、頭を整理したりするためのファイルが作ってあって、それをひとりのときに開いて、「なんかボヤンとすること、気分みたいなものを文字にしてみよう」とやっている。

そういう「ひとり会議」みたいなのは、かなりやっているんじゃないかな。

自分で、「はい、ひとり会議です」と言っても、どうしていいかわからないでしょ？

ポイントは、自分に質問すること。そうすれば、自然に答えが出て来るから。


あと、そういうときに、「どうも、集中できない」「思考がストップしちゃって、なんにも浮かんでこない」場合は、環境や方法を変えてみるといい。


「好きな場所、好きな雰囲気の中で＝自分のオアシスを持つ」というのがオススメ。

自分のオアシスとは、自宅（＝ファースト・スペース）でもなく、仕事場（＝セカンド・スペース）でもなく、違ったアイデンティティーを持てる空間。「もうひとりの自分」の居場所みたいな感じ。

そんな「サード・スペース＝オアシス」と呼ばれる場所を生活の中に確保してみるといいよ。

例えば、俺の場合は、高層ビルにあるカフェ。

最初はなんだか落ち着かなかったけど、意識的に通っているうちにだんだん慣れてきて、そこで過ごす時間が気持ちよくなってきた。

MY TIME

「ひとりの時間」について

どんなに生活が慌ただしくても、いや、慌ただしくなればなるほど、そういったオアシスで過ごすひとりの時間を大切にしている。

自分と向き合うひとりの時間。

こういう時間があるのとないのとでは、人生は大きく変わると思うよ。

迷ったときは、ひとり静かに。
自分の心の声に、耳を傾けてみなよ。

STATIC& DYNAMIC

No.27

「静と動」について

Keyword: 27

「静の時間・動の時間」みたいなメリハリが、俺にとっては、結構重要なのかもしれない。

STATIC&DYNAMIC

「静と動」について

日々の暮らしの中で、静と動のバランスというのは大切だ。ハードな動き系スケジュールがどうしても多くなる分、日々の生活の中に意識的に高いレベルの「静」の時間（＝自分と向き合う時間＝ひとり作戦会議の時間）を確保して、常に自分自身をシンプルに整理しておけるようにしないと、あふれているインスピレーションやエッセンスもぐちゃぐちゃのまま置き去りになって、知らぬ間に消えちゃったらもったいないから。

逆に、ひとりで静かに考えてばかりでも、なんか行き詰まってきたり、頭が固くなりすぎたりするし。

俺にとって、「動」の時間は、あらゆることを感じるための時間。「楽しい・おいしい・気持ちいいセンサー」に導かれて、動きまくったり、「すげぇ！」とか「うぉー」とか、単純に、心を動かしまくったり、人と話しているうちにいろいろ気づいたり、感じたり、交換したり。

逆に、「静」の時間は、感じたことを、整理して、インプット&アウトプットするための時間という感じかな。

時間の使い方から、さまざまな企画まで、紙に落とすことで、とにかく、頭をシンプルに整理する時間であったり、「動」の時間に感じた楽しさを、他人と共有するためのあれこれをする時間であったり。

動いてばっかりでは、せっかくインプットされたものが正しく整理できない。

そうなってくると、俺は本能的に、誰とも会わないでひとりでパソコンの前に向かったり、音楽聴いたり、ただ街を歩いたり、そんな時間をとるようになる。

そうやって、バランスをとっているというか、チューニングを合わせているんだ。

ただ、それで仕事や目標に対する結果が出なかったら駄目だよね。

俺の場合は、仕事も全部、自己責任の体制でやっているから、要は結果が出ていれば、日々をどう過ごしてもいい。

結果が出るということは大前提で、そのために、どうやったらいい精神状態で生きていけるかということを意識している。

「いい精神状態」というのは"楽"という意味じゃなくてね。

友達のツリーハウスクリエーターのコバさん（小林崇さん）も、同じような話をしていたよ。

コバさんの場合は、サーフィンをやることがポイントなんだと言っていた。コバさんの中のバランスの問題で、サーフィンする日をなくしてしまうと、精神的なバランスがなんだかおかしくなっちゃうらしい。サーフィンをやることで自分自身の気持ちを浄化しているみたいなところがあるから。

人によっては、それが飲み会だったりするよね。飲んでスカッとして、明日も頑張ろうとなっているんだけど、他人から見れば、「それは飲んで遊んでいるだけじゃん」となってしまう。でも、その人にとっては必要な大切な時間なんだ。

結果を出すためには、「動」を続けるよりも、サーフィンだったり飲み会だったり、そういう時間が必要な場合もあるわけだ。

例えば俺の場合、原稿の締切間際でも、あえてテレビでメジャーリーグを観たりもする。

そうやって完全に関係ないところに自分をワープさせないと、思考の糸が絡まっちゃった感じになっていて、もう前に進まなくなっちゃっているから。

他にも、パーッと走って汗かいて、シャワー浴びるとか。そうやって、1回完全に切り替えないと、いくらもがいていても駄目だったりする。

この「静の時間・動の時間」みたいなメリハリが、俺にとっては、結構重要なんだ。


だから、俺は自分の精神状態を常にチェックしている。

「最近どうかな?」と、自分に質問を投げかけながら、自分が気持ちいいと思うところにチューニングしていく。それは、頭でやっている感じではなく、感覚的に。

そう言う意味では、**「バランスをとらなきゃ」と必死になるのではなく、バランスという考えを外すことが、一番バランスがとれるんじゃないかと思っている。**

だから、バランスというものをすごく意識するわけではなく、確信として、なるべく頭から外している。そのうえで、自分が気持ちいいところに、感覚的に合わせていく感じかな。例えば食べ物でも、辛いものを食べると、体が甘いものを求めるでしょ? そんな感じで、バランスはとれていくもんだと思う。

だから、自分が気持ちいい感じのときは、完璧にバランスがとれているから、気にすることはない。何か変な感じになってきたら、それがセンサーなんだ。
自分の感覚にピタッとはまっている感覚。
そんな、いいバランス、いい精神状態で、毎日を気持ちよく生きていきたいよな。

バランスをとろうとしていないものたちは、
みんな完璧なバランスを持っている。

LIFE SIZE

No.28

「等身大」について

Keyword: 28

等身大じゃ、チビのまま。
ガンガン背伸びして、
チャレンジしていこうぜ。

LIFE-SIZE

「等身大」について

「等身大で」とか「そのままでいいんだよ」みたいな言葉は好きじゃない。

「よくねぇだろ！」と俺は思っているから。

仕事でも、スポーツでも、自分の性格みたいなものでも、精神的なものでも、なんでもいいんだけど、「こういう人になりたい」という、目指す自分みたいなものに向かって常に努力していくというのは、誰にでも本能的にあるんじゃないかと思っている。

理想の自分に少しでも近づくために、俺は頑張っていきたい。


もちろん、なんでも頑張るというわけでもない。

あくまで自分。自分の欲求がすべて。

欲求がないところに向かって、無理やり頑張るというんじゃない。

「何を頑張るか」が、大切だ。


「等身大で」という言葉には、無理なことをして、自分に落ちこみたくないみたいなニュアンスがあるのかもね。だからそのままでいいんだよ、と。

「頑張る自分は嫌。泥臭いのはかっこ悪い。スマートに生きたい」なんて言う人もいるけど、**頑張らないでもできてしまう天才だったらいいけど、頑張らないで大したこともできないで、何がスマートなの？　と俺は思う。**

そもそも、等身大じゃ、チビのままじゃん。

俺は、自分の目指しているものに、どんどん背伸びして、チャレンジし続けたいよ。

でもこれは、正しい、正しくないじゃない。等身大のままで、ストレスなく生きたいという人は、それでいいんだろうし。

俺は「できればこうなりたい」ということにどんどんチャレンジして、失敗を繰り返しながら少しずつできる自分を実感しながら、目指している自分になっていきたい。その方が、人生は楽しそうだなと思っているから。

等身大じゃ、チビのまま。「今のままは嫌だ。でかくなりたい！」という欲求があるのなら、逃げずに立ち向かって行くべきだと思う。

やらないという選択をするとき、「自分らしくないから、やらない」という言葉で自分を正当化して、実は逃げている場合がある。

どっちが幸せかは、その人にしかわからないけど、俺は、逃げないで大事にしていきたいなと思っている。**なんでも、向き合っていくことで、次のワールドに行けるような気がするから。**一度逃げてしまうと、いろいろ逃げなきゃいけないトラップが出てきて、発想がどんどん狭まっていく感じがするし。

あと俺は、「一生懸命なんかをやる」ということ自体が大切だと思っている。今までの自分のことを思い返しても、「何かいいな」と思う瞬間は、絶対に一生懸命が絡んでいる。一生懸命やったことが、誰かに喜ばれたり、結果が出たり。そういうときに「ああ、よかった」と、幸せを感じている。

学生時代の部活の頃からそうなんだ。適当ぶっこいていて「なんとなく幸せだな」と思ったなんてことは思い出せない。

やっぱり一生懸命やったからこそ幸せっていうのがあるんだ。

何かを人と一緒にやるのでも、お互い真剣に、一生懸命やっているから面白い。それが、「適当でいいでしょ」という感じだと、うまくやれていたとしても俺は面白くないから。

俺は常に、一生懸命やり続けるようにしたいし、一生懸命になれるものを目指していきたいんだ。

幸せは、いつも、一生懸命の中にある。

CHARACTER

No.29

「キャラクター」について

Keyword: 29

自分らしく
生きようとするのではなく。
自分らしさなんて、どうでもいい
ということに気づくこと。
そうすると、
自然に自分らしくなる。

CHARACTER

「キャラクター」について

自分のキャラクターを守るのはやめよう、といつも思っている。まわりからは「旅人」とか「若者のカリスマ」とか、いろんなことを言われたりするけど、そういうキャラの高橋歩であり続けたいとはまったく思わない。常に「なんだかよくわからない」みたいな人でいたい。

そのときそのときに自分が燃えていることを、ただ一生懸命やっていたいだけだから。

若い頃、「肩書きは何ですか?」と聞かれたときに、ふざけて言っていた「自由人」というのが、今となってはいつの間にか定着してしまった。それは単純に「肩書きなんかどうでもよくない?」みたいな意味で、自由人と言っていただけなんだけどね。「俺、自由です」とアピールしたいわけじゃなくて。「俺は肩書きはつけていません」と言うのもちょっと痛い感じがするし、「肩書きは人間です」なんて言うと、力んだ感じがしてちょっと胡散臭いじゃん? だから、ちょっとシャレで自由人と言っている感じ。それがなんだかオフィシャルになってきちゃったから、もうなんとも言えないけど。

誰が言っていたのか知らないけど、**「人はユニフォーム通りの人間になる」**という言葉が、俺の中でなんとなく残っている。確かにそうだよなと思うんだ。

まわりからそう思われたくないという意識よりは、「自分をそのキャラクターという枠組みにハメてしまわないようにしたい」という欲求がある。

俺自身、すごく影響されやすいというか、自己洗脳されやすいというのが、よくわかっているから、キャラにとらわれないようにしようという意識はいつも持っている。

「俺ってこういう感じだよ」と言っちゃうと、そういう人に本当になっちゃうから。

そのキャラで気持ちいいときは、別にそれでいいかもしれないけど、固まりすぎて「高橋歩がそれをやるのはないよね」みたいな縛りができるのは面倒くさい。

自分らしさという言葉も同じだ。

そもそも、自分らしさというのは自分で判断するものじゃない。「それって、あゆむらしいね」とまわりが言うのはわかるが、自分で「俺はこういうタイプなんで」と言うと、それによって枠ができてしまう。

自分らしさという言葉でキャラ作りして、自分で自分を縛る鎖を作ってどうする?

という感じだよな。

もちろん俺だって、少なからずはあるよ。

例えば踊ること。ちょっと踊りたい気分だなというときでも、なんか恥ずかしい。「俺が踊るって、なんか違うんじゃない？」みたいに思ってしまう。

でも、それは余計なキャラ作りなんだ。別にやりたいことをやればいいのに。

自分を縛る鎖や枠組みなんて、本当にいらない。

それなのに、自分らしさなんて気にしているから、そんな鎖ができてしまう。

だからきっと、自分らしさというものを考えなければ考えないほど、自分らしくなる。

自分らしく生きようとするのではなく、自分らしさなんて、どうでもいいということに気づくこと。そうすると、自然に自分らしくなる。

そう言えば、この間見たジブリの宮崎駿さんのインタビューが面白かったな。

「自分が、監督として見てしまったら、もう監督としてのものしか見えなくなるんだけど、いちアニメーターとして見たら、また見える景色が変わる」みたいなことを言っていたんだ。

人は、自分がなんなのかと決めてしまうと、その目で見えるものすらコントロールされる。

身近なことで言うと、子どもができて、自分が父親や母親になった途端、「最近、この町に子ども増えてない？」、「ベビーカー押している人がすごく増えたよね」とか言う。でも別に前と何も変わっていない。意識が変わったから目につくようになっただけ。裏を返せば、目に入っていても、意識が違うだけで見えていないということ。

人間は、そういう自分の設定だけで視界すら変えている。

俺は「世界中に面白いものがあふれている」という前提で生きているから、面白いことがたくさん目に入ってくるんだと思う。

もちろん全部は見られないだろうけど、なるべくいろんな角度から見て、多くの面白いものに出逢いたいというのが本能的にある。だから、キャラクターや肩書きなんかに縛られて、視野を狭めたくないと思っている。

CHARACTER

「キャラクター」について

友達のタクミさん（山崎拓巳さん）は、人と会っているときにいつも「最近、何か面白かったことある？」と聞いている。俺も似たようなところがあるけど。

新しい扉というのは、相手の趣味とかによって開かれることも多い。

この間も、別の友達が、しきりに歌舞伎のことを語っていて。俺は歌舞伎なんてまったく興味なかったんだけど、話を聞いているうちに、ちょっと観に行ってみようかなと思った。これで実際に観に行って、「えっ？　面白いじゃん」となったら、また新しい扉が開き、世界が広がる。

もしそこで、「俺は歌舞伎とか観ない人なんで」と、キャラクターに縛られて、シャットアウトしてしまうと、新しい扉が開くチャンスなんてない。

「俺、アナログなんで」とか「デジタルなんで」とか、そんなのもよく聞くけど、マジでもったいないと思う。別にそんなのどっちでもいい。面白そうならやってみた方がいい。

あと、人間の脳みその成長速度は、人生80年だとすると、最初の10年と残り70年ぐらいがほぼイコールになるという話を聞いたんだけど、それも興味深いんだ。

脳みそにとって大切なのは、「新しいこと」で、10歳までに触れる新しいことと、10歳から80歳までに触れる新しいことの量がほぼ一緒になっているみたい。だから成長速度もそれに合わせてイコールになっている。

そんな話をタクミさんとしていたときに、「あゆむが今まで、世間的に見たら守るべき安定感みたいなものをしきりに捨てたがっていたり、海外に出て行ったり、引越したりするのは、本能的に新しいことを求めているんじゃない？　枠にとらわれずブロックもかかっていないから、自然にそうやって脳みそを使おうとするんじゃない？」と言っていたんだ。

確かにそういうことかもしれないなと、思ったんだ。

「一生、雑魚であれ」という言葉を俺がよく使うのも、そういうところにあるのかもしれない。

成功者になりたい？　会社を大きく？　有名人に？　そんなのどうでもいい。

キャラクターや肩書きなんかに縛られず、雑魚として学ぶ心を忘れず、新しい面白いものにどんどん出逢って、少しでも大きな人間になっていきたい。

CHARACTER

「キャラクター」について

自分らしさなんて、どうでもいい。
「自分」は、探さなくても、今、ここにいる。

FAILURE

No.30

「失敗」について

Keyword:30

成功するまでやれば、
必ず成功する。
一度うまくいってしまえば、
すべての失敗は、
経験と呼ばれる。

FAILURE

「失敗」について

「失敗してしまった」という感覚は、俺にはない。

「ちょっとまずかったな」とか、「思うようにいかなかったな」というのはたくさんあるけど、すぐに「じゃ、次はこうやってやろう」と切り替えて考えて、すぐに動き始めているから。

世間一般的に言うような失敗という感じは持っていない。


捉え方の問題かもしれない。


「失敗」と捉えるのか「経験」と捉えるのか。

俺は経験として捉えているから、失敗したと感じることがないのかもね。


「新しいことを始めるとき、失敗することが頭をよぎって踏み出せない」という話もよく聞くけど、俺の場合は、失敗するかしないかという概念自体がない。

大変そうだなぁとは思うけど、同時に面白そうだなぁと思っているし。

面白さとのバランスだよね。


面白そうだなと思うからやる。面白そうと思っていないならやる必要はない。

基本的にはやりたいからやるわけだから、大変そうだなぁと感じても、それは関係ないよね。

それに、失敗しても別にいいじゃん。**失敗にビビっていたら、なんにも始まらないよ。**

第一、いきなりうまくいくなんてありえない。無理に決まっている。素人が最初からできるわけがないんだから。

俺の場合は、七転び八起きどころか、億転び兆起きの精神。**うまくいかなかったとしても、同じ失敗をしなければいつかは、失敗のネタはそのうち満員御礼になる。そうするといわゆる、「コツをつかんだ」という状態になる。**そこからうまくいき始める。そして、いつかは成功する。

もちろん同じ失敗を繰り返していたら、まわし車の中を走り続けるハムスターみたいになってしまうけど、そうじゃなければ必ずゴールにたどり着ける。

だから、夢を追うのはギャンブルじゃない。あきらめなければ、必ず勝てるゲームなんだ。

失敗が恥なんじゃない。

失敗によってエネルギーを失ってしまうことが恥なんだよ。

あと、俺の場合、「人生でペイすればOK」と思っているのが大きいのかもしれない。例えば、3年間うまくいかなかったとする。そうすると、この3年だけで見たら確かに駄目かもしれない。だけどその経験があれば、人生トータルで見たときには、『やっぱり意味あったよな！』と思って死んでいける自分の姿が目に浮かぶんだ。

だから、2、3年悪いことが続いたぐらいで落ちこむことはない。人生80年あるんだから。

最初は駄目でも、逃げ出さずに、うまくいくまで粘って、最後に圧勝すりゃいいわけよ。

そうすれば、失敗なんて、飲み会でのいいネタになるから。

FAILURE

「失敗」について

七転び八起き?
甘い、甘い。
億転び兆起きでいこう!

GROWTH

No.31

「成長」について

Keyword: 31

優しさも、強さも、
愛も、自由も、幸せも、
大切なものは、
すでに自分の中にある。
人間は、そういうものを、
すべて持って生まれてきている。

「成長」について

成長するというのは、得ていくことではない。
捨てていくこと。そして思い出していくこと。

そんな感覚が、最近はしっくりきている。

これは、30歳すぎて子どもが生まれてから、初めて感じたような気がする。俺自身の子育てが関係しているかもしれない。

子育てをしていく中で、最初の頃は、「子どもにいろいろと身につけさせなければ」という風になっていた。言うなればキャラクターを武装するものをくっつけたり、新しい経験値を貯めていくような、そんな感じにどんどんなっていた。

でも、子どもは、もともと素晴らしいものを持って生まれてきているんだということに気がついた。

実際に子育てする前は、「子どもは透明の状態で生まれてきて、そこにだんだん色がついていく」というイメージがなんとなくあったんだけど、子育てをしているうちに、「いやいや、最初からかなり色あるな、こいつら」というのを実感したんだ。

GROWTH「成長」について

うちの子どもたちは、息子と娘はまったく同じものを食べて育っているはずなのに、食の好みは真逆だし、性格も真逆になっている。

俺と妻のさやかは、子どもたちふたりに対する接し方や育て方、出している価値観のようなものに、絶対に差をつけていない自信があったのに、明らかに違う性格で育っていっている。

それぞれ生まれ持ったものが、絶対に違うんだ。

そんな子どもたちを見ながら、「ああ、そうか。何かを身につけていこうみたいな話じゃなくて、**もともと生まれ持った素晴らしいものを、スムーズにエネルギーとして外に出せるというのが、一番幸せを感じられる生き方なんだろうな**」と強く思うようになった。

その生まれ持ったものが、うまく職種のようなものや、社内や仲間内での立場にハマった場合、みんな居心地よく、気持ちよく生きていけるんだと思う。

でもそれを無視して、変なものをくっつけすぎてしまい、本来の自分が見えなくなると、苦しむことになるのかもしれない。

だから、成長していくというのは、「いろんなことを学んで身につけていくことだ」という感じよりは、「余計なものがいっぱいくっついてくるから、それを取り払い、堂々と自分の感性で、湧き出る感情で、やりたいと思うことをやって生きていくこと」だと思っている。

優しさも、強さも、愛も、自由も、幸せも、大切なものは、すでに自分の中にある。人間は、そういうものを、すべて持って生まれてきている。だから、新しく知るのではなく、思い出すことなんだ。

俺は、子育てするうえでも、子どもが持っているものを、親の理想や思いこみだけで変に誘導しないように、というのはすごく意識している。

そう言えば、この間、家族で『おおかみこどもの雨と雪』という映画を観たんだけど、そのときの子どもたちの反応が面白かったんだ。

ある少女が「おおかみおとこ」と出会って、その間に生まれた「おおかみこども」の姉弟が成長し自立するまでの親子をテーマにした映画で。子どもたちが将来、「人間か、おおかみか」どちらでも選べるようにと、田舎に引越して、お母さんがどう育てるかという話なんだ。

きっと普通のお母さんは、子どもたちを人間にしようとするでしょ？　おおかみの感じがたまに出てしまうんだけど、それを「ダメダメ」と誘導していくと思うんだよね。でも映画のそのお母さんは、どっちでもいいよという感じでいく。自分も同じようには走れないけど、おおかみの方の楽しさもなるべく一緒に体験するし、人間の方のよさもちゃんと見せようとして。それで、「どっちでも好きな方の将来を選びなさい」という感じでいく。それが、すごいと思ったんだ。

「俺だったら、自分の勝手な判断で、なるべくおおかみを出さないで、人間として子どもが育つように、とやっちゃうかもな」と、妻のさやかと話していたんだけど。

それで海（息子）と空（娘）に聞いてみたんだ。「お前たち、あれだったらどっち選ぶ？」と。海は「俺は人間だな」と言っていたんだけど、空は「私はどっちかわからないけど、おおかみがあんなに気持ちよさそうで、楽しそうだったから、どうなのか試してみたい」と言っていた。

面白いよね。この感じは大事なメッセージだと思う。すごく考えさせられた。

子どもの成長、教育という意味では、わけがわからない「常識」や「普通」といった枠にハマらないように、俺たち親は変に干渉せず、本人たちの欲求は聞いてあげるように、かなり意識している。

「お前、どう思う？」と、ちゃんと質問してあげながら、なるべく自分の欲求を引き出すように。

そして、いろんなことを体験させて、さまざまな刺激を与えられるように。

あと、子どもたちの好奇心や感性が開かれていく感じを、「いいな、いいな」といった空気感にするのも親である俺の仕事だと思っている。

子育ての話になってしまったけど、大人も一緒だ。

「どう思う？」と自分に質問しながら、欲求を引き出して、面白そうと思うことをどんどん経験しながら、自分を成長させていく。

持って生まれたものを思い出しながら、堂々と自分の感性で、湧き出る感情で、やりたいと思うことをやって生きていければいいよな。

大切なものは、すでに自分の中にある。
自分の心の声に、耳を傾けて。
頭で考えるのではなく、心の真ん中に話しかけて。
思い出してみよう。

新しく知るのではない。
思い出すんだ。

RULE No.32

「ルール・美学」について

Keyword: 32

自分のルールを決めれば、迷うこともなくなる。逆に、自分のルールを持たない人間は、道を選べない。

「ルール・美学」について

他人のルールは、俺を縛るが、自分のルールは、俺を解放する。

俺の中でのルールは、自分が楽しく、幸せに生きていくために決めていること、というようなものだ。

自分が作ったルールは、絶対に守る。

でも、世の中的になんとなく「普通」と思われていることはどっちでもいいし、「常識」や、まわりにどう思われるかみたいなことは、どうでもいいと思っている。

自分のルールを守っているか守っていないか、それは自分にしかわからない。

だから、俺は**「自分に嘘をつかない」**という言葉がすごく好きなんだ。

まわりの人に、「あゆむさんのその揺れない感じや、完全に自信がある感じはなんなんですかね?」と聞かれたときに、「自分に嘘をつかない」という言葉が浮かんできた。

人に嘘をついてバレなかったとしても、自分は全部知っているから、もし自分の言っていることとやっていることが違っていれば、何か黒いもの、モヤモヤしたものが胸に残る。

俺は、ゼロとは言わないが、そういう感じはほぼないと思う。

RULE「ルール・美学」について

自分には嘘をついていない。嘘をつかないように生きている。

自分に嘘をつかないようにしているから、自分の中がすごくスッキリしている。うまくいっていることもいかないこともあるけど、俺自身は自分には嘘をついていないぞ、と胸を張って生きる。その方が絶対に気持ちよく生きられるから。

ルールよりも、美学という言葉の方が、世の中的にはわかりやすいかもしれないね。**自分のルールを守ることは、自分の信じる「美しさ」を貫き通すということ。**

単純に「飲み会だろうがなんだろうが、言ったことはやる」とか。そんなことすら守っていない人が多いけど、俺は絶対に守る。それが俺の美しさだから。

例えば、インドでやっている学校（貧しい子どもたちが無料で通えるフリースクール）ひとつ取ってもそう。いろいろうまくいかないこともあるし、大変なんだけど、別にやらなければならない理由は何ひとつない。

だけど、俺自身が「やる」と言って始めたことだから、やらないという選択肢は俺の中にはないんだ。

その「自分の美学を」というのはすごく強い。

ルールと言うと、なんだか縛る感じがあるけど、でも本当は、正しいルールというものは、自分たちを自由に導いてくれるものだ。

自分のルールを決めれば、迷うこともなくなる。
逆に、自分のルールを持たない人間は、道を選べない。

自分の価値観、自分の美学、自分のスタイル、自分の信念、自分の生きる姿勢……。なんでもいいから、まず自分の心の真ん中にある想いを、シンプルな言葉にして刻んでみるのがいいんじゃないかな。

そこから、きっと、自分が生きていくうえでのルールが生まれてくるはずだから。

ルールは従うものじゃない。
自分で作るものだ。

COMMON SENSE

No.33

「常識」について

Keyword:33

「常識」であったり
「普通」であったり、
そういうのはどうでもいい。

COMMON SENSE

「常識」について

最近トークライブを観に来てくれた女の子と、こんなことを話したんだ。

「いい女になりたいって言うけど、いわゆる世の中で言われている『いい女』を目指すんじゃなくて、自分が大好きになった人にとっての『いい女』であればいいんだよ」と。

世の中的な「いい女」なんて目指す必要はマジでないから、自分の大好きな人の描く「いい女」を探ることにエネルギーを注ぐべきなんだ。

こういう話をすると、みんな、「そうだよね！」と言うのに、人生や生き方の話になると「踏み外しちゃヤバいですよね。常識で考えて、普通に生きた方がいいですよね」みたいな話になってくる。

でも、好きな人の話であろうと、生き方の話であろうと同じ。

世間の常識では「痩せていた方がいい」と言われていたとしても、大好きな人が、「俺は太っている子が好きなんだ」と言っていたら、ダイエットするのは自殺行為じゃん？

人生だって、それと似たような感じだよ。

くだらない既成の常識とか、世の中の普通とか、マジでどうでもいい。

でも人の目をまったく気にしないというわけではない。

俺は、妻のさやかにとって、ヒーローであり続けたい。そして子どもたちにとって、かっこいい父ちゃんであり続けたい。極端に言えば、世界中の人が俺を嫌いになっても、家族が好きでいてくれるなら、きっと俺は幸せでいられる。

そういう意味では、人の目を気にしないという話ともちょっと違う。自分が大切だと思う人の目は気にするでしょ、そりゃ。

俺の場合は、さやかの目とか、海と空の目というのを気にしているわけだよね。逆を言えばそれくらいなんだけど。

あとは、自分が最高と思うようにやるしかない。


「常識に縛られないっていうのは、ただの自分勝手、自己満足じゃないですか」と言う人もいるけど、最初はそれでいいと俺は思っている。

それが多くの人に「いいね！」と伝わらなければ、自分勝手や自己満足と言われたままで終わる。でも、それが突き抜けて多くの人に伝わったり、喜ばれたりした場合、すべては変わる。目に見える結果が出てきた途端、まわりからの評価は、１８０度転換するんだ。

失敗は、「経験」と呼ばれ、わがままは、「こだわり」と呼ばれ、自己満足は、「オリジナル」と呼ばれ、意味不明は、「斬新」と呼ばれ、協調性のなさは、「個性」と呼ばれるようになる。ただオタクと呼ばれていた人も、それが突き抜ければ専門家と呼ばれる。


スタートは自己満足ありき。それでいいんだ。


「常識をぶっ壊そう」みたいな言葉もあるけど、俺はそもそも常識というものを気にもしていない。常識ってなんだ？　という考えを持っていない。

だから壊すという感覚でもない。


常識や価値観なんて、そもそもみんな違うという前提で俺は生きている。


トークライブをしたときに、「最後にみんなにメッセージを」なんて言われると困るんだ。

年齢も性別も生きてきた環境も全員違うんだから、言えることなんてない。

例えば、この場で5人が話していたら、意見も考え方も、ほとんどみんな違うでしょ？

しょせん常識なんて、誰かがなんとなく作り上げたもの。

それに世の中で言われる常識も、移り変わっていっているものだから。少し前、「いい大学に入れば、いい会社に入れて、一生安定して幸せに生きていける」という、なんとなくあった常識は、もう完全に移り変わってきているじゃん。

だから、そんなものは気にしなくていいんだよ。

くだらない既成の常識なんて、ハナクソ。食べちゃえ！

ちゃんとしなくていい。
普通じゃなくていい。
自然にしていれば、それでいい。

RELATIONS

No.34

「人間関係」について

Keyword:34

悪いことがあったら、「自分のせい。きっと何か変えられることがあるはず」と自分に向けて考える。

RELATIONS

「人間関係」について

俺はマイナス的なことは全般的に、「すべて自分のせいだ」と思っている。

例えば、会社でいいことが起こったら、みんなで分担してやったんだと俺は思うけど、悪いことが起きた場合は逆。仮に、仲間のひとりが、会社がつぶれるようなミスをしたとしても、少し文句を言うかもしれないけど、基本的には全部俺のせいだと思う。

究極を言えば、そいつと組もうと思ったのは俺だし、そういうシチュエーションを作ったのも俺。根本はすべて自分の意思だから。自分の思考回路に、そいつを責めるという感じはない。

「こういう伝え方をすればよかったかな」、「自分の関わり方をこうすればよかったかな」、「あの約束をこういう感じに変えればよかったかな」と、そういう風に自分に向けて考える。そのうえで、「どうすれば次はうまくいくか」と考えて、次に向かって行く。

いいことがあったら、「イエーイ、みんなで頑張ったよね」みたいな感じで喜びを共有し、悪いことがあったら、「自分のせい。きっと何か変えられることがあるはず」と自分に向けて考える。これは完全に俺の思考の癖になっている。

そうすれば、「どうしようか?」と改善の方向に切り替えられるから。

人のせいにしたり、仲間の中で犯人探しをしていても、何も解決しない。それよりも目の前の問題をどう解決するかということに、いち早く切り替えた方がいい。

家族にしても同じ。

さやか（妻）と海（息子）が喧嘩していて、さやかが、「海が悪い」とか言うわけ。そういうとき、夫婦でよく話しあっているよ。

「育てているのは俺たちでしょ。だから、親としてどうしていこうかという話をするべきであって、海が……とか、そういうことじゃないよね」と。

「海の言葉遣いが悪い」ということがあるとしたら、海が悪いと考えるんじゃなくて、親としてどうしていこうかと話をするべき。自分がどうすれば、海がそういう言葉遣いをしなくなるかを考えるべきなんだ。

だから「海が悪いんだけど」じゃなくて、「海の言葉遣いが、最近ちょっと悪くて気になるんだけど、どうやって伝えていけば直るかな？」という問い掛けにしよう、と。そうすれば、解決の方向に進むから。

もし俺が、「そうだよな。海の言葉遣い駄目だよな、あの野郎」と言って乗っかってしまったら、もうわけがわからない。「海は駄目」というゴールにしかならないから。

最悪なのは、その後、世の中の話にまでいくこと。

「今はそういう世の中だからね。子どもの言葉遣いが最近悪くなってきたって、本にも書いてあったよ」って。それじゃ、なんの解決もないというゴールになってしまう。

仕事だって同じだ。自分たちが作った本が売れないのを、出版不況という言葉で片付けてしまうと、明日から何も見えなくなる。

「俺がどうすれば売れるようになるんだろう？」と考えた方が、心も健康だし、結果にもつながっていく。

前に人間関係の話をしていたときに、「自分と合わない人や嫌いな人とは、どうやってうまく付き合っていくんですか？」と聞かれたことがあるんだけど、俺の場合は、まずひとつの選択肢として、「付き合うのをやめてしまえばいい」というのがどこかにある。

そもそも生理的に合わない人と無理して付き合っていく必要がどこにあるの？　もしそれが仕事や会社内であったとしても、会社なんて、世界中にいくらでもあるんだから。

本当に嫌だったり、どうにもならなかったりするなら、やめてしまうという選択もありだ。

でも、どうしても自分が目指しているものがそこにあって、やめて遠まわりするのが嫌だと思うんだったら、「じゃ、やめずにうまくやっていこう」と決める。そのうえで、だったらどうしようかな？　と作戦を考える。

そこで、「相手を変えよう」というのは難しいよね。変えなよと言っても、他人はそんな簡単に変わるわけがない。

だったら、自分を変えた方が早い。

伝え方ひとつとってもそう。伝えたいことが、なかなか伝わらないとしても、それはきっと、相手が悪いんじゃない。自分が相手に響くように伝えていないだけ。

わかってくれないと嘆くんじゃなくて、伝えるための自分の技術を磨けばいい。

俺はこの切り替えが、結構すんなりいくんだ。

やっぱり「決める」という強さだよね。

RELATIONS

「人間関係」について

他人を変えることはできないけど、自分を変えることはできる。大から小まで、たいていの問題はこの気持ちでクリアしている。

PRESENT & FUTURE

No.35

「現在と未来」について

Keyword:35

未来のために今を耐えるのではなく、未来のために今を楽しく生きるのだ。

PRESENT&FUTURE

「現在と未来」について

何かを頑張るというときに、「石の上にも3年！」や「未来のために今は耐えているんです」という言葉を聞くんだけど、俺はピンとこない。

石の上にも3年と言っても、つまらない石の上に3年もいたら駄目だ。それをやるかやらないかというのは、3年もかけて頭で考えるものじゃない。

嫌な石の上には2秒で十分、次の石に即移動！

「それって逃げじゃないですか？」と言う人もいるけど、**やめるのが逃げじゃなくて、嫌なことを続けるのが一番の逃げだ**と、心から思うよ。

「嫌だけどこういう楽しいこともあるしな」とデメリットを見えないようにして、メリットにだけなるべく目を向けて……。でも本当は、自分は全部わかっているはずだ。

本当は嫌なのに、自分をごまかして続けていく方が、逃げでしょ？

逆に、やりたいこと、好きなことは、死ぬ気で、がむしゃらに寝ないで頑張る。

俺は同じ石の上に3年もいたくない。どうせやるなら、がむしゃらに頑張りまくって、身につけるべきスキルは、最速で身につけちゃって、「石の上には3ヶ月！」くらいで、どんどん前に進んでいきたいと思っている。

もちろん、ずっと乗っておきたい石が見つかれば、とどまるかもしれないけどね。

「未来のために今は耐える」という言葉は、俺がやっている行動も、表面的に見たら同じかもしれないね。睡眠時間を削って、寝ないでやっていたり、やりたいことのためにお金が必要なら、頭を下げてお金を集めたりしているから。

そういうことも、浅く見れば、「それは、未来のために今は耐えているんでしょ?」と見えるかもしれないけど、俺の中ではちょっと違う。

どうせやるんだという覚悟が俺にはあって、やるからにはなるべく楽しくやろうよという思考なんだ。

例えば、20歳の頃、自分たちの店を始めるためにお金を集めているときもそうだった。

1ヶ月でひとり150万円を集めることになって、大変だったんだけど、「どうせやるんだってことは覚悟を決めているんだから、なるべくいいアイデアを持って、楽しくやっていこう!」と考えていた。

友達に「お金貸して」と電話するときも、仲間4人で順番に電話をしながら、「お、今のトークいい感じだね、マネさせてもらおう！」とか、「5万円貸してくれるって！　いえーい！」と盛り上がったり。本当は辛いはずのお金集めも、なるべく楽しくやるようにしていた。その方が結果も出ちゃうんだよね。

耐えてやるのではなく、なるべく楽しく。そうすれば、未来が明るくなるんだよ。

耐えた人は、あとでリバウンドがくるから。「ここまで耐えてきたんだから、弾けてやろう！　あの頃の辛さを……」という感じになっちゃうから。

子育ても同じだと思うよ。

お母さんやお父さんが耐えて、犠牲になってしまうと、絶対に「その分、応えてね」と子どもに対して思っちゃうんだよ。それが変に子どもの成長を妨げてしまったりする。

教育ママと言われる人たちも、「私は子どものためにこれだけ頑張ってきたんだから、その期待に応えてね」というオーラが、言葉で言わなくても出ちゃっている気がする。

それを子どもが感じとってしまうと、「自分の生きるべき道からちょっとずれたとしても、親の期待に応えないと」と考えてしまう。それは、全員ハッピーじゃないよね。

PRESENT&FUTURE

「現在と未来」について

俺は、全部同じのような気がしている。

未来のために今は耐えよう、頑張っていこうという風になってしまうと、その未来が来たときに、なんらかのリバウンドがきてしまう。

ダイエットみたいなもんだよ。耐えてダイエットすると、結局、リバウンドして同じことになっちゃう可能性が高い。それよりは、「ま、大変なこともあるでしょ」とダイエット自体を楽しんでいった方が、結局、未来自体もよくなるというイメージだね。

未来をよくしたいなら、今を楽しむべきなんだ。

だから、**「未来のために今を耐えるのではなく、未来のために今を楽しく生きるのだ」**と、俺は言いたい。


一番まずいのは、未来にワクワクしようもない、よくわからないものに向かって、とにかく耐えて頑張る、みたいなもの。「なんか将来不安だから、とりあえず資格を取っておこう」というのもそんな感じだよね。

会社に入って、「やるぞ!」という自分の覚悟もないまま、会社や上司にやらされているケースもそう。いつの間にか、「こうすべき」という気持ちにさせられて、言わば洗脳されている。それで、意味不明な大変さに耐えている。

大切なのは、やるのかやらないのかを自分の意志で決めること。

そして、やると決めたからには、楽しくやるということだ。

とにかく、難しいことをごちゃごちゃ考える必要はない。

「今」をよくすれば、「未来」もよくなる。

シンプルなことだ。

人生は短い。

やりたくないことをやっている暇はない。

LIFE
PLAN

No.36

「人生設計」について

Keyword:36

人生設計なんて、いらない。
一番大切なものを
しっかり抱きしめながら、
ただ、やりたいことを
必死にやり続けることだ。
そうすれば、人生なんて、
自然にうまく設計されていくから。

LIFE PLAN

「人生設計」について

自分なんて、いつ、どう変わるかわからない。
だから俺は、人生の計画なんていらない。

「老後のために人生設計を」とか「人生計画は順調に道を歩むためのセオリーだ」と言う人もいるけど、それは何を楽しいと思うかの問題だよね。

そういうのは、すごく旅と似ていると思う。ある程度、ピシッと予定が決まっていた方が旅を楽しめる人もいるでしょ？　でも俺の場合違う。**「計画をすると、計画以外のものは見えにくくなる」**という人間の性質があると思うんだ。そこを俺は重視している。

俺は、「えっ？」というようなことが起きちゃったり、「今日は何をすれば？」みたいな感じになったりするのを楽しいと思うんだ。楽しさの種類が違うということ。

それは、人生もまったく同じ。

「ある程度、お金のことも計画をたてておいた方が、道も見えていて安心するし、のびのびと毎日を楽しめる」という人もいるだろうけど、俺は、「どうなっちゃうわけ？」みたいな感じを楽しいと思っている。

俺は、人生設計なんていらない。そんなもんない方が、ワクワクするから。

ただ、ワクワクするイメージに向かって、ダイブするのみ！　だね。


「将来のために、大学は出ておこう」「一応、資格は取っておいた方がいいよね」といった、とりあえず保障をつけて安心するような生き方も、俺にはピンとこない。

保障をつけることで設計していく人生に、楽しいことがあふれているというイメージがないから。


サラリーマンをやっていれば、30年先まである程度は見える。

会社内を見れば、20年後の成功したバージョンの自分と、失敗したバージョンの自分が、課長とか部長とか、そういう形でサンプルとして存在している。

俺は、そういう結末や道が見えている感じが本当に苦手なんだ。興味を失ってしまうし、楽しいと思えない。


自分がどういうときにワクワクするのかを考えると、「未知のゾーンに触れる」、「未知との遭遇」みたいなものがキーワードになるかもしれない。

だから、そういう生き方をしているんだ。

「えっ？　何それ？」ということに対して、俺の持って生まれたワクワクセンサーの反応度が高い。

危険を冒したいとか、リスクあることに挑戦したいとか、そういうことじゃなくてね。


俺は『毎日が冒険』という本を書いているけど、実際は、毎日がトラブル。それを「毎日が冒険」と呼んでいる。

そういうさまざまな問題に立ち向かっていき、そしてレベルアップしていくのが、なんだかゲームみたいで面白いんだ。

トラブルが起きないようにやることもできる。挑戦をしないで、なんとなく形になっているものを小っちゃく守って、なるべく新しい要素を外して、でも最低限の収入が守られる、みたいなことは、おそらく簡単にできるんだと思う。

だけど、やっぱり俺は、どんどん新しいことに挑戦していきたい。

そして、自分を成長させていきたい。

死ぬまで、冒険的に生き抜きたいんだ。

あと、やっぱり大事なのは、家族にも理解してもらっておくことだね。「金銭的には、生きていくことができる最低金額を下まわらないっていうことは約束するが、新しくワクワクすることが始まってくると、安定した収入や住む場所は、動くこともある」ということを、俺は妻のさやかにきちっと伝えている。

昔は、さやかとよくその話をしていたよ。急に貧乏になったりするから。さすがにさやかは、もう20年一緒に過ごしているから、信頼をしてくれていて、いつも「人生トータルで結果出してね。それならいいから」と言っている。

理解しているから、一緒に楽しめているという感じだね。

自分の人生観というのを、ちゃんと一緒に活動する人にはシェアしとかないと。

それもひとつのミッションだよな。

ただ、守るべきものだけをポケットに入れて。
いつも、驚きながら、興奮しながら。
感じるままに、世界中の路上を飛びまわっていたい。
一生、ただの男であれ。
一生、旅人であれ。

IMAGINE

No.37

「想像すること」について

Keyword:37

「こうなったら、最高にハッピー」という未来のシーンを、ワクワクしながら、想像しよう。

IMAGINE

「想像すること」について

俺の癖のひとつ。

想像すること。いわゆるIMAGINEってやつね。

わかりやすく言うと、特に、ふたつの角度がある。

「こうなったら、最高にハッピー」という未来のシーンを想像する癖と、「俺があいつだったら……」と、誰かの気持ちを想像する癖。

よく、イメージ力を磨くとか、思いやりを持とうとか、難しく言う人もいるけど、こんなもの、ただの癖だ。

「強く、優しく、大きな人になる」という俺のライフワーク的には、この「想像する癖」は、昔からすごく楽しい癖だと感じているし、チームや仲間にもなるべく共有したい癖だなって思うんだよね。


よく、**「イメージは現実化する」**と言うけど、最初は成功哲学っぽくて、うさんくせぇなぁ、と思っていたけど、今は俺も実感している。

「現実を引き寄せる」とか「現実が後からついてくる」みたいな言葉がすごくピンとき

ていて。それは俺が特別に持っている能力じゃなくて、人間という生物が持っているひとつの性質だと思っている。

友人に清田益章さんというエスパーがいるんだけど、彼はそれを超能力という形で表現しているわけだよね。

そう言えば、前に面白い話をしていたんだ。

清田さんが超能力でスプーンを曲げるとき、「『スプーンが曲がった場面』と『それを見たまわりの反応』と『そのときの自分の気持ち』、その3つを先取りしてイメージすると、現実がついてくる、つまりスプーンが曲がる」と。

清田さんの場合は、3分でそれをやるんだけど、「あゆむの場合は、それを3年でやっているだけ。自分の店をオープンさせたことも、言わば超能力。短距離走と中距離走の違いかな」と言われて、すごくピンときた。

20歳の頃、自分たちの店をオープンさせたときは、まさにそれだった。

店をオープンさせるために、仲間4人で1ヶ月で620万円を集めなければならなかったとき、やっぱりいろいろ苦しくて。自然に、「もし俺たちが店オープンしたら……」という話を、４人でよくしていたんだよね。「初日はパーティーやんね？　やっぱりやるでしょ！」みたいな。

「パーティーが終わって、みんなが帰って、片付けとかして。それから４人で乾杯したいよな。そのとき、ロッド・スチュワートのダウンタウントレインが流れててさ。疲れ８割、喜び２割くらいの気分かな。俺がここにいて、セイジとダイスケがこっちにいて、ケンタがそこにいて。お疲れ〜乾杯！　とか言って……」なんてみんなで話しながら、どんどん詳細のイメージが出てきて、すごく鮮明に描いていた。

それで実際にオープンしたとき、パーティーも大盛り上がりで、朝になる頃、みんな帰った店内の掃除を４人で済ませて、乾杯をした。

そこに、俺がずっと、思い描いていたシーンがあったのをよく覚えている。

「これ、デジャブ？」と思っちゃうほど、４人の配置から、それぞれ持っているビールの銘柄まで同じで。鳥肌たっちゃったよ。

まさしく、現実がビュンとついてきたみたいな感じだった。

IMAGINE

「想像すること」について

俺の場合、いつもそう。何かを始めるときのスタイルがパターン化している。

楽しいイメージを描いて。それに、まず自分を乗せてワクワクして、そのイメージを家族や仲間と共有しながら、より明確にしていく。そして、それを現実にするために、作戦をたてて、今やるべきことをリストアップする。そして、作戦を進めながら、失敗&反省して作戦を変更しながら……。いつもそんな感じだね。


やっぱり、人間はそういうふうな能力を持っている気がしている。スティーブ・ジョブズの本読んでいても同じことを感じた。多くの成功者も大体、「ビジョン」という言葉でよく表現しているし。

それに、宗教家はみんな例え話が上手でしょ？ イメージできているから例えられるんだよね。そういう人たちはかなりテクニカルに、それを使っているのかもしれない。


でも、俺の場合は、いつもそういう風になっているけど、テクニカルにはやってない。

簡単に言うと、自分がワクワクするからやっているだけ。自分をワクワクさせるために、自然に脳みそがそこに気づいたんだよ。「こうやって想像していると、ワクワクするよね」と。

そうじゃないと自分がやり続けられないんじゃないかな。

「なんか面白そうだな」という感覚がきたら、すぐに想像している。

「よしやろう」と覚悟を決めて、それからイメージするのではなく、「こんなになったら楽しいね。最高だね」と先にイメージして、面白そうだから、「やるぞ」と覚悟が決まっていく感じかな。

ニューヨークに「BOHEMIAN」というレストランバーをオープンさせたときを例にとっても、やっぱりイメージが先行していた。

「ニューヨークに行って、早朝、仕事終わった帰りに、ピザ屋のおばちゃんにグッドモーニングって言いながら街を歩く俺、マジかっこいい」とか、そんなレベルから始まり、「ボブ・ディランが歌っていたグリニッジビレッジというカフェ」や「ジョン・レノンがずっといたセントラルパークやダコタアパート」、「そのニューヨークで店をやっている俺」とか、そういうイメージが織り交ぜられて、俺のナイスニューヨークライフが頭の中で描かれていった。

さらに、「ニューヨークで大成功しちゃっている俺、マジかっこよくない？　上大岡（神

IMAGINE

「想像すること」について

奈川）のイトーヨーカドーでバイトしていたあの俺が、ニューヨークで！」みたいな気持ちも入り交じってイメージができて。

それで、これはやるしかないって思って、ある日、仲間のユウイチにいきなり電話して、「ニューヨークで店やらない？」と言って、その場で決定。

そんなきっかけから始まり、結局はイメージ通りに実現したわけだからね。

あと、みんなよく「妄想」という言葉を使うけど、**俺は、「妄想」と「想像」をわけていないんだ。**

「なんだか実現しそうもないけど、フワフワぼんやり考えている」みたいなことを、みんな「妄想」と言っている。でも、俺はいつも実現させるつもりでイメージして、話している。

「こんなになっちゃったら最高だよね」と飲み会で盛り上がっているときに、その差を感じるんだよね。「今の話、妄想と思っているかもしれないけど、俺はマジだから」というやり取りが、これまで何回もあったよ。

俺の場合、どんな壮大なプロジェクトも、すべては、飲み会から始まっているよ。
まぁ、飲んでいるだけじゃ、夢は叶わないけどね。

IMAGINE.
すべては想像から始まる。

LOVE & FREE

No.38

「LOVE&FREE」について

Keyword:38

愛しあえばあうほど、
心は自由になっていく。
大切なものが
シンプルになればなるほど、
心は自由になっていく。
LOVE or FREEではなく、
LOVE & FREEなんだ。

LOVE&FREE

「LOVE & FREE」について

俺は、結婚して、さらに自由になった。

俺は、子どもができて、さらに自由になった。

LOVE or FREEではなく、LOVE & FREEなんだ。


人間は、幸せに生きるために生まれてきた。

仕事なり、夢なり、旅なり、結婚なり、さまざまなことを通して、幸せに生きていきたい。

結局、ゴールはそこなんだ。


それじゃ、幸せというのは俺の場合どんな感じなのか？　と考えたとき、極端に言えば、世界中の人が俺のことを嫌いでも、家に帰ったときに、妻のさやかが「お疲れ」と笑顔で言ってくれていれば、まずもう幸せなんだ。

もちろんそれは拡大していったら嬉しいけど、それさえあれば充分なんだ。

逆に、世界中の人が俺を褒めてくれていても、さやかとうまくいっていないなら、俺は幸せとは思えない。

結婚をして、そこに息子と娘が加わって、俺の幸せを生んでくれる、維持してくれる絶対的なホームみたいなものが確立された。それで、外に向かっていくときに、「みんなに好かれたい、認められなければならない」といった気持ちがなくなって、より自由にぶちかませるようになってきているのをすごく感じる。

まわりを見ていても、結婚して子どもができて、絶対的な幸せを感じさせてくれるホームが確立されている人ほど、より自由に攻められているし、自由に生きられている感じがするよ。

あと、俺は「帰る場所があるから旅は楽しい」というのも、ひとつの真実だと思っている。家に帰ったらすごく幸せという安心感があるから、俺は旅をしていても楽しいし、「外にどんどん広げていこうぜ」とリラックスして、自由な感じで言えている。

だから、そのホームを、ちゃんと素敵な絶対的なホームにしていこうという意識はすごく強い。

「週末は家族サービスしなきゃいけないんで、大変なんですよ」なんて言葉を聞くこともあるけど、俺は、家族サービスという言葉は使わない。

俺の場合、家族を巻きこんじゃっているから。自分がボウリングやりたかったらボウリングに連れて行って、釣りをやりたかったら釣りに連れて行って。なんでも一緒にやって一緒に楽しんでいる。それで、世界一周旅行にまで連れて行っちゃったわけだから。

別に、俺も全部に付き合っているわけじゃないよ。

例えば、息子たちはディズニーランドに連れて行って欲しいと言っている。でも俺は仕事で疲れているから休みたい。としたら、「父ちゃんは、今こういうことをやっていて少し疲れているから、今日はちょっとゆっくりしたいんだよね」と話をする。

それで別に、ネガティブな感じはない。「それならしょうがないね。また今度行こうよ！」となる。精神的な関係がちゃんとできあがっていれば、まったく問題はない。


俺は会社員ではないから、時間の使い方もバラバラで、連日打ち合わせがあったり、飲み会が入ったりして、なかなか家族と一緒にいられないときもある。

だけど、その分、週に1回くらい「よし、行こうぜ！」と、丸1日一緒に過ごしたり、誕生日会を盛大にやったり、クリスマス会を夜中までやったり……一緒にいられるときは、おもいっきり楽しんでいる。

妻のさやかとの関係で言うと、お互い、意識的に、積極的に伝達しあおうとしている。さやかは口で伝えるのはあまり得意じゃないから、しょっちゅう報告メールを送ってくる。「こういうことがうまくいかないんだよね」とか、やっぱり最近は子どもの話題が多いんだけど。それを読んで、俺は話す方が得意だから電話をして、「どうする?」と話しあいをして……みたいなことを継続的にずっとやっている。ふたりきりでゆっくり話せる時間も意識的に作っているしね。

やっぱり、大切なのは伝えることだ。

家族に会えない日が続いたとしても、「最近、父ちゃんはこういうことやっていたよ。だから会えなかったんだ」とちゃんと伝えれば、「ああ、なるほどね。自分たちを大事と思っていないから会えないんじゃないんだ」と安心感が生まれる。

結局は、ぶっちゃけワールド。

LOVE&FREE

「LOVE & FREE」について

当たり前のことも、きちんと伝達して、精神的に交換する。
そうやって俺は、絶対的な幸せを感じさせてくれるホームを確立しているんだと思うよ。

俺には、幸せを生んでくれるホームがある。
だから、自由にぶちかませる。
愛しあえばあうほど、心は自由になっていく。
大切なものがシンプルになればなるほど、心は自由になっていく。

LOVE or FREEじゃない。
LOVE & FREEなんだ。

愛する人と、自由な人生を。

MY STYLE

Bonus track

「好きなことで飯を食うということ」について

高橋歩トークライブ　特別編

高橋歩の原点とも言える、
「夢ややりたいこともなかった学生時代から、
アメリカンバーのオープン、自分の出版社設立までのストーリー」を語り尽くした
97分間の『トークライブ特別編』を“そのままリアルに”完全収録。

Keyword: Bonus Track

夢は逃げない。逃げるのはいつも自分だ。

「好きなことで飯を食うということ」について

どうも。高橋歩です。

今日は、初めての人もいると思うんで説明しとくね。

トークライブは、もう20代前半からずっとやってるんだけど。全国、本を読んでくれた人のところに行って、今までやってきたことを喋る。だからもう１０００回以上はやってきたんじゃないかな。うん。


通常は、若い頃からの話をずーっと、「いま現在は……」っていうところまで話してるんだけど。簡単に言うと、子どもの頃の話から、20歳でお店やりました、23で出版社やって、そのあと、奥さんと世界一周して、沖縄でビレッジ作って、今度は家族で世界一周して……みたいな感じで、これまでやってきたことをどんどん話していく、っていうスタイルでやってんだけど。今日はまぁちょっと特別で。


「あゆむさんは、昔から『やりたいこと、ガンガンやろうぜ』って感じだったんですか？」

「子どものときから、ずっとそういう感じのまま大人になってるんでしょ？」

なんてことよく言われるんだけど、まぁ俺も、振り返ってみると、今みたいに、「マジでやりたいことをやって、幸せに生きていこう」「好きなことで飯を食おう」っていう風になっていったのは、20代にお店や出版社をやったことがきっかけになってるんだよね。

今の俺の「楽しいことをやって生きていこう。どんなに普通の凡人でも、やりたいことやっていけば飯食えるよ！」って言える人になったきっかけは、それだったんだよね。

だから、あえて今日は、その20代前半のときに経験した、お店を始めたことと、出版社をやったことに絞って、話そうと思ってるよ。


自分の中で「ま〜イイ感じでやろうぜ」みたいなゆるい感じとか、「マジやるんだよ！」みたいな熱い感じとか、いろんなバージョンの自分がみんなの中にもいるでしょ？

今日は比較的「やっちゃおうぜ！」みたいな熱い感じの俺ね（笑）。本で言うと、『毎日が冒険』っていう本を出してるんだけど。25、6歳のときに書いた自伝ね。あの本で書いたくらいまでの、「もーよくわかんねぇけど、失敗したって、ガンガンやっちゃおうよ！」みたいな、そういう部分の俺ね。今日は、そっちの俺を出すトークライブっていう風に、とらえといて（笑）。

最近は「幸せって」とか、「家族って」とか、ちょっとゆる〜い感じもあるんだけど、今日はどっちかっていうと、力入った感じで。もうさ、あんまり、こういうトークはやんないのよ。どっちかっていうと最近の頭の中は、「いぇ〜い、ワールドピース！」みたいな感じなんだけどね。今日はあえて、そういうモードに入って喋るから。ちょっと頭に入れといて。そのうえで……じゃ、始めるね。

みんな最初はダサかった。

俺は、昔から「いぇ〜い！　俺、なんでもできちゃうよ〜」みたいな感じだったわけじゃないんだよね。まったく。

だから、ちょっとうまくいってる人で、「俺はまぁ、昔から結構人と違うとこあって」みたいな感じで言う人の話を聞いても、あんまり参考にならないなぁと思っちゃうんだよね。「その人がすごいだけじゃん」って。

ちゃんと暴露すれば、みんな最初はダサかったはずなんだよね。生まれたときから自信に満ちあふれてる奴なんていないわけよ。まぁ、たまにいるかもしんないけど。

俺も最初はダサかったし、多くの人がぶつかってるであろう悩みも普通に持ってたし。

今日は、そういうところからの話をしていく。だから、今日話を聞いて帰るときに、「最初は『高橋歩だからできたんでしょ？』って思ってたけど、もしかしたら、自分でもできんじゃね？　アイツにできるなら」って思ってもらえると、俺も嬉しいな。

だから、今日は暴露系ね。そういう話をするよ（笑）。


まず、ちっちゃい頃から話すと、育ちは横浜の上大岡。そこで高校生まで。もっとちっちゃい頃は東京にもいたんだけどね。

で、親父が小学校の先生でお袋が幼稚園の先生っていう典型的なほのぼの家庭。弟と妹がいる5人家族で、団地に住んでいて、まぁ特に金持ちでもなく、貧乏でもなく。なんか普通に生まれ育ったわけ。

両親が先生だから、そんなにハズした感じはなく。小学校でも、野球チームでキャプテンで、クラスのリーダーで。なんか親に喜んで欲しいから、一生懸命勉強とかもして、みたいな。

家族でテレビとか見てて、なんかちょっとエッチな場面とか映ると、全員が無言でこう、外を見る（笑）。結構そういう、なんつーのかな、ほのぼの家庭で育ったわけ。親父もお袋も、なんか、面白い人だけど、そういう「特別変わった人」ではなくね。もうホントに普通に家族仲よく暮らしてた。

で、中1になったときに、みんなは知らないかもしれないけど『ビー・バップ・ハイスクール』って漫画に出逢ったわけよ。ヤンキーの漫画。今で言う『クローズ』とか『ワースト』みたいな。もうそれも今じゃないか。なんかそういうヤンキーが出てくる漫画があんのね。それを、中学1年のときに読んだのよ。それで、完全脳みそスパークしちゃって。「今までマジメに生きてきたけど、やっぱ男はヤンキーだ」ってすごい思ったわけ。

で、先輩にカッコいいヤンキーもいっぱいいて。その格好を見たら、どう考えてもヤンキーになった方がカッコいいと思って。俺もすぐ影響されて、「学生服で、こっち（左）開けたら龍、こっち（右）開けたら虎」みたいな刺繍が入ってるやつ買って。ズボンも、ほら、脚が何本も入りそうなやつあるでしょ？　そういうのを買って。髪も金々にして。で、目があったら全員喧嘩、みたいな。「なんだオラァ？」って言わなきゃいけない、みたいな（笑）。そういう風にしていきなりヤンキーになったわけよ。

でもヤンキーになってみてわかったんだけど、あんまり俺喧嘩が強くないみたいで、「あれ？」って感じで（笑）。でもまぁ、ほらなんつーの、気持ちはあるから、俺は。だから「マジ行くぞ！」とか言いながらいろいろ喧嘩を売ってはやられ……みたいな（笑）。

お昼はそうやってヤンキーやってて。でも、親父とお袋とは仲よしなわけじゃん。親父とお袋はやっぱり「勉強ちゃんとやる子に育って欲しい！」っていう風な願いがあるわけ。俺はそれを裏切れず、お昼ヤンキーしながら、家に帰ると『進研ゼミ』をやってる（笑）。だから、どうなるかっていうと、勉強できるヤンキーが生まれるわけ。学校のマジメな奴とかとも勉強の話をしつつ、ヤンキーともツルんでます、みたいな。そういうちょっとよくわかんない立場の俺っていうのが、中学から高校ってずっと続いて。

今思うと、どっちかに振れてれば、「すげぇ、親友！」みたいな感じのができたのかもしんないけど、それがなかったんだよね。ヤンキーにとっては、「あゆむは、一緒に遊んでるけど、勉強はまぁ、おさえるところはおさえるよねー」って思ってただろうし、マジメな奴にとっては、「ちょっとあゆむ君怖いよねー」「だけど勉強の話はできるから、よくわかんねぇ人だな」みたいな。そういう感じのキャラクターだったから、本っ当に、大の親友みたいの、いなかったんだよね、ずっと。

そういうキャラのまま勉強できるヤンキーとして、中学、高校って生きてきて。ぶつかったのは高校3年のときだね。

まぁ、みんなもそうかもしれないけど、「進路」っていう言葉が突然発生すんじゃん？「はい、じゃあこのあとの進路決めてくださーい」みたいな話になって、「えっ？」って俺思ったわけ。

高校3年生のときの俺は、まぁやりたい職業とか仕事とかはない、もちろん。で、行きたい専門学校も大学も、ない。ここに住みたいとかも別にない。なんにも、やりたいこととか考えてもない。ただ、「サラリーマンにはなりたくないんっすよ」とか言ってるだけ。「じゃあ、何？」って言われると、「いや、特にないんですけど」みたいな

（笑）。もうなんにもないんだよ。欲求が。

でも親は、「大学には行って。ホントに頼むから」っていう感じだから、「なんのために勉強すんのかもよくわかんないし……でも、親が大学行ってくれって言うから」っていうぐらいで受験勉強を始めて。

なんかすっごい覚えてんだけど、古文とかやってて、紫式部が出てきて、「なんで俺が、こいつのことを覚えなきゃいけないんだろう？」とか、そのページに書き込みしちゃう感じっつーか。なんかわかる？「尾崎豊状態」って言うんだけど（笑）。

なんかもう、絶対落ちるパターン。そういう、やりたくないこととかやってると、腹痛くなんない？ 自分がなんでやんのかハッキリしてないけど、とにかくやんなきゃいけない、みたいな。なんかそういうのに耐えらんなくって、胃が痛くなってきちゃったりして。だからもう成績はもちろん全然上がらない（笑）。

かといって、自分がやりたいこともハッキリあるわけじゃないから、親に「大学なんか行かかねぇよ」とも言えない。そんなダサい状態で、ずっとずるずるいってるから、1個も大学に受かんなかったわけよ。

で、浪人生になって。別に浪人生になったところで解決するわけじゃないじゃん？

相変わらず「大学なんて行きたくねぇよ」って言いつつ、受験勉強してる、親のために、みたいな。自分でこう、何かを目指して頑張ってるわけでもなく、「でも親のために、しょうがねぇんだよー」とか思って。で、勉強も結果出ない。そんな時代が、俺もあった。

で、どうしよっかなと思って。「俺の人生、どうなっちゃうんだろうなー」って、いろいろ考えて、「やっぱ俺、『ホントにやりたい!』って思ってないことは、できない人間なんだなー」とか思って。

それを親と話したりしたんだけど、親は「じゃあ、大学行かなくていいわよ」とは言わないわけ。「頑張りなさい。とにかく、私を信じて」みたいな（笑）。「大学だけは行った方がいいから。そしたら選択肢が生まれるでしょ?」って。なーんか、わかったようなわかってないような話されて。

で、そのときもまた漫画なんだけど（笑）、素晴らしい漫画に出逢って。純粋の純にプライドって書いて『純プライド』っていう吉田聡さんが描いてる漫画があんのね。『湘南爆走族』っていう漫画とか書いてる人なんだけど。その『純プライド』っていう漫画を偶然、浪人生のときに読んだ。それは、女の子と同棲する話。３巻しかないんだけど、もうめちゃくちゃ素晴らしい漫画なわけよ。それ読んだら、たぶんココにいる全員が「やっべ〜、俺も同棲してぇ！」って超思うと思うんだけど。すっげぇリアルで、俺も読んで、「やっべ〜、超同棲してぇ！」と思ったわけ。別に彼女いなかったけど、そんとき。そんで、「俺の次の目標は同棲すること！」っていう感じになったわけ。

その瞬間にすべてが繋がって、「そっか。俺、『大学行くのマジめんどくせぇ。どうでもいい』と思ってたけど、ひとり暮らししなきゃいけない距離にある大学に受かれば、ひとり暮らしできんじゃん？　そしたら、女の子と同棲できるじゃん！　適当にそのへんの人と付きあって……うん」と思ったわけ。

「そっか。俺は大学に行くためと思って勉強頑張ることはできないけど、家から離れたところでひとり暮らしして同棲するために勉強をするんだと思えば、マジスッキリ！」と思って。「よし、じゃあ同棲するために受験頑張ろう！」って。そんなこと親には言わないよ、もちろん。

誰かと付きあって、実家で同棲っていうのも微妙じゃん（笑）。だからやっぱり、ひとり暮らしして、ちょっと貧乏な感じだけど、ふたりで銭湯とか行って。男だから先に出て、入り口で待ってて、「いろいろ女が出てきたけど、やっぱりお前が一番キレイだよ」みたいな（笑）。で、盗んだチャリンコでふたり乗りして、帰りにつぶつぶオレンジをふたりで飲む。もう、つぶつぶオレンジなんて、今売ってねぇけど（笑）。まぁそういう世界を想像して、「コレだ！」と思ったわけよ。

それで、「よし！」と、スイッチ入って。「じゃあ、家から通えない大学を」って探し始めて。あんまり地方とか行きたくなかったから、「千葉だな」と思ったわけ。横浜の実家から通えないギリギリの距離で、まぁ街、みたいな。それで、「海の近くがいい」とかわけわかんないこと言って、幕張っていう場所にある神田外語大学っていう大学を見つけた。キャンパスもすげぇキレイだったし、「ここだな！」って。「うん。俺、英語とか結構好きだし」「アメリカ、超ナイス」とかさ。よくわかんないよね（笑）。それぐらいのよくわかんない話で、「千葉で、同棲！」っていうプランのもと、スキッとしたの、気持ちが。

その瞬間から変わったよね。そのときの河合塾の偏差値グラフ、見してやりたいよ。マジ、ガンのぼり。バーーーーーンってなって。ホントに。スッキリしたら、俺はやる男だから。

で、ちゃんと、その大学に受かって。予定通り、近くのヤンキーの子と出逢って、ちゃんと同棲もできて。すげぇ幸せな日々を、大学生のときに送ってたのね、最初。

でもまぁ、同棲できたのはいいんだけど、結局「何やんのお前？」っていうのは変わってなくて。大学に入って同棲の目標を叶えちゃったら、大学に行ってる意味もマジよくわかんないし。このあとやりたいことも、同棲以外になかったから、また「どうしよっかな。やりたいことも見つからないし、探さなきゃ」みたいな俺がいて。

なんか才能がある人や天才な人が自分の好きなことで食っていくことはできても、俺みたいな凡人が、好きなことで食っていくのは、やっぱりそんなに甘くないんだろうな、と思ってたんだよね。

だからまぁ、マシな仕事？　俺はこういうことに興味があるから、なんかその中で、まぁまぁな仕事に就くって感じに、俺の人生はなっちゃうのかなぁ、って、大学に行きながら思ってたわけよ。

大学生活もサークルもあってさ、バイトもして、「すっげぇ楽しいわけじゃねぇけど、つまんねぇわけでもない」みたいな大学1年生の日々があって。

MY STYLE

「好きなことで飯を食うということ」について

「このまま進んだら、まぁまぁな仕事に就いて、まぁまぁな人と結婚して、まぁまぁな人生……そういう風になっていっちゃうんだろうな」「俺にしかできないことや、やりたいこと見っけて、なんかデキる奴になりたいんだけど、どうしたらいいかわかんない」みたいな、「うーん……」って感じのモヤモヤした日々だったんだけど。

今思うとね、「自分のやりたいことを探す」っていうときに、今までの自分、20年間生きてきた俺の中の、「やれそうなこと」で、探してた感じがするわけよ。そしたらさ、ワクワクすることなんてねぇに決まってんじゃん。今の自分ができることなんて超〜限られたことじゃん。千葉の大学生の今までの人生を活かしてできることなんて、ほとんど何もない。「少年野球やって、ちょっとヤンキーやってきました」ぐらいしかないわけじゃん。

その頃、俺、自伝とか伝記とかドキュメントとか好きで、「すごいなー」っていう人たちの自伝をよく読んでいたんだけど。特に、遅咲きな人が好きで。「3歳から世界チャンピオンでした」とかいう人の話とか、まったくもって役に立たないじゃん？　だけど、「二十数歳までどうしようもない奴でした」みたいな人の話って役に立つじゃん。

なんか、元気出るっつーか。「あぁ、こんなにすげぇ!って言われてる人でも、23歳でこういうものに出逢うまでは、今の俺よりぜんぜんダメじゃん!」みたいな。そういう遅咲きの人の自伝とかよく読んでたわけ。

そういう自伝を読んでいくうちに、「自分のやりたいことで食っていくって、すげぇ特殊な人しかできなさそうってよく言うけど、そんなことねぇんじゃねぇかな?」って思い始めたんだよね。普通に、今すげぇって言われてる人だって、二十何歳とか三十何歳まで、全然イケてねぇじゃんって人も結構いっぱいいるから。そういうのを知っていったことは大きかったね。

あとは、「自分には才能がないから、できない」って言うのは、親に失礼だな、と思ったの。よく「僕に才能があれば」とか「あの人は才能があるから」とか言う人いるじゃん? でもそれって、要は「生まれつき」っていう話にしてるわけじゃん? なんか、自分が頑張ってないことを、親のせいにすんなよって、すごく思ったの。それは、自分自身に対してもね。

「俺には特別な才能がないから」とか、「あの人にはできるけど、俺にはできないから」って言うのは、親に失礼だなって、すごく思うようになってきて。だんだんと、「まぁ、できるかできないかはさておき、俺って何がやりたいのかな？」って考えるようになった。

「ドラゴンボール7つ揃ったら、何やりたい？」みたいな質問を自分にしてみたわけよ。

なんでもやれるとしたら、何をやりたい？

「じゃあ、なんでもできるとしたら、何やろっかなー」っていう目で、世の中を見始めたっていうかさ。なんつーの？ 俺は「クラウチングスタート状態」とか言ってたんだけど。「ヨーイ！」ってなってて、「面白そうなことがあったら、すぐ飛び込めます！」みたいな。大学はいつでも休めるし、とにかく面白そうなことがあったら、いつでもスタートできるように用意している状態で常に過ごしてみようと思って。

伝記とか自伝とかで読んだすげぇ人たちって、大体、そういう時期があんだよ。「なんでもいいから、とにかくやってみようと思って、がむしゃらに面白そうだと思うことやってみました」みたいな時期が。それはやっぱり若いときにあって。

「へー」って思って。じゃあ俺も、できるかできないかとかわかんないし、こんな、よくわかんない俺だけど、とりあえず、「なんでもやれるとしたら、何やりたいんだろう？」って。そういう視点で世の中を見てみよう、と。そういう気持ちで生活し始めたわけ。


それで少し経った頃に、ピザーラで宅配のバイトしてたんだけど。休みの日に「ちょっと今日は、ビデオでも観よっかな」と思って、トム・クルーズの『トップガン』っていうビデオを借りようとしてレンタルビデオ屋行ったわけ。

そしたら偶然そのとき、『トップガン』は貸し出し中だったわけよ。で、その隣にあったトム・クルーズ繋がりの『カクテル』って映画を、借りたんだけど。

トム・クルーズが主演する、夢とかなかったハタチの青年が、バーテンダーになり、自分のお店を持ち、綺麗な人と結婚し……みたいに幸せになっていく、簡単に言うとそういうサクセスストーリーの映画で。

それを観終わったときに、画面が「ザーーーッ」ってなっても、ひとりで拍手して（笑）。「超～熱い！　マジで」とか言って（笑）。そのとき、ゲンキっていう猫を飼ってたんだよ、俺。「超あっちぃ！　なぁ、ゲンキ！」とか言ったら、ゲンキも超走りまわってるわけ（笑）。うん。俺、その映像をすごい覚えてんだけど。テレビ画面が「ザーーーッ」ってなって、俺が熱くなって、ゲンキが走ってる、みたいな（笑）。で、なんかふたりで……ふたりっていうか俺とゲンキで盛り上がって。「やっぱ店出すしかないっしょ、俺も！」みたいな。「んー、やべぇ、決まった！　もう俺は絶対に店出す！」とか言って。

まぁ、できるかできないかはさておき……みたいな。そのモード大切だよ。できることの中で探そうとしたら、夢なんてない。ねぇんだよそんな、なかなか。だけど、できるかできないかはあとで考えるとしてって思ってみると、熱くなってくるから。

んで、「よし、俺は店出すぞ！」って決めて。大学に行って。まぁたまに大学に行ってたから。で、俺入れて４人の仲間で大学で遊んでたわけ。そいつら３人に、「ちょっとさー、俺、トム・クルーズの『カクテル』ってビデオ観て、店出すことに決めたわ」って、学食で熱くなりながら言ったわけ。

そしたら、まぁそいつらもフツーの大学生だから、「いやぁ……店出すとかいいけど、素人が、どうやんの?」とか、「資金どうやって調達すんの?」とか、「ビジネスっていうのはそんなに甘くないんじゃない?」とか、「調理師免許は?」とか。なんかそういうフツーの話をワーって言ってきたわけ。

そんなのはまぁいいとして。「せっかく俺の友達なんだから、とりあえず今日帰って、その『カクテル』っていうビデオを観てみて。話はそれからだ」って言ったわけ。

そいつら、次の日学校にきて、3人とも、「あゆむ。俺も店やるわ、マジで」みたいな(笑)。まぁちょっと、脳みそ足りないチームだから(笑)。セイジとケンタとダイスケって奴なんだけど、俺入れて4人で、「よし、店やるぞ」って盛り上がって。

まぁそこまではよくある話じゃん。仲間で「こんなことやんない?」って言って。でも、そこからだよね。とりあえず、「何から始めようか?」っていうのが大切じゃん。で、俺たちの場合は、なんだか店のこととかよくわかんねぇから、「みんな、アルバイトをバーテンダーにしよう」って言って。同じ店で働いても勉強になんないから、それぞれ違う店で働いて、たまに会ったりしながら、いろいろ作戦を一緒に練っていこう、みたいなことにして。
それで、それぞれみんな、バーテンダーのアルバイトをしながら、大学で会うときに「こんな店がいい、あんな店がいい」って話して。まぁ一番ワクワク楽しい期間だよね。そうやって、みんなでユルく計画を立てていく、みたいな。そういう時間が、何ヶ月かあって、「そろそろ物件もちゃんと探そうよ」って。まぁ、アパート探すみたいな感じだよ。不動産屋行って、「俺ら店やりたいんスけど」とか言って。俺、金髪ガンガンだったから、「店やりたいんスよねー」とか言ったって、「コイツら、絶対金持ってねぇ」っていうのが不動産屋にバレバレっていうか(笑)。だから、あんまりマジメに相手にしてくんないわけ。

だからまた作戦会議して。「ちょっと俺ら、金持ってる風に行かないと、相手にされねぇな。ダメだ!」とか言って。次からは、もう入った瞬間に、「あの〜、もうスポンサーはいるんですけど」みたいなトークをかまして(笑)。そうすると、不動産屋もマジメに話聞いてくれて、「お、作戦成功!」とか言って(笑)。

そうやって、みんなで作戦をいろいろ練りながら、だんだんだんだんやってくうちに、俺がアルバイトしてた店が、今度、閉店して売りに出る、と。で、「新しく借りてくれる人を募集だ」って話になって。

話を聞いてみると、保証金っていう敷金礼金みたいなものや、必要なものを買ったりすると、全部で大体６００万円が必要になる、と。

６００万円で店を出せるっていう現実が、初めて目の前に現れたんだよね。今までの「ワクワク。いぇーい！　なんか頑張るぞ」っていうゾーンから、初めて現実的な金額が出た。

大家さんから、「１ヶ月間待ってやるから、その間に用意できたらオッケー。１ヶ月すぎたら、他の人への募集を始める」って言われたの。その時間とお金の設定が、初めて俺たちの夢に現れたわけよ、そのとき。

まぁ、そこが勝負だよね。

４人で共同経営しようって言ってたから、「１ヶ月で６００万だって」ってなった瞬間に、「ひとり１５０万だよね。１ヶ月間で。用意できる？」っていう話になったわけよ。そんとき、大学2年生になったとこぐらいか。俺ら、ハタチだよね。正直、もう全然、現実的な金額じゃない。5年10年かけて貯めますみたいな話だったら、その頃の俺たちでも、アレかもしれないけど。

それまでいろいろ物件探してきたけど、マトモなところ全然なくって。そういう中で、そのお店は唯一って言っていいぐらい「ここで超やりたい！」っていう店だったの。その感じはすごく強かったけど1ヶ月で150万……。全然無理っていう感じだったね。だって当時はもう、月々の家賃だってキツイぐらいでさ。もっと極端に言や、「電気や水道局からのハガキ、何回目までは止まんねーよ」みたいな会話を普通にしてたときだからさ。

その現実的な時間とお金の話が出てから、俺たちは急にビビった。それで、ポジティブにフェードアウトするってわかる？　前向きに諦めるって言うんだけど（笑）。「なんかビミョーに、今じゃねぇっていう気がしてきた」みたいなこと言い始めちゃって。「あとでやれっていうサインが出てる気がする！」と。ははは、そんなサイン、どこにも出てねぇんだけど。実際はただビビってるだけ。それまでは、若くして成功した人の話ばっかしてたのに、急に、「やっぱり、学生のときにやるより、社会人になって、経験してからやった方が、見えるものも違うっていうか〜」みたいな、わけわかんない話をして。

要は、ビビったから諦めるって話なんだよ。ただ、それを認めたくないから、それらしい言いわけみたいのを18個ぐらい考えるわけ。そいで、「俺たちは、諦めたんじゃなくて、前向きに、ベストな時期を待ってるだけ！」みたいな。で、結果、「社会人を経験して、もう1回、集まってやろう」みたいな話になっちゃって。

そんときの俺たちはね、強い自信があるわけではないし、１５０万円っていう金をどうすればいいのかっていうのも全然なかったし。急に現実に触れて、「やっぱり甘くないね」って雰囲気になって。

社会人になってからタイミングがあうときにみんなでやろうってことはさ、要は「やんねぇ」ってことよ。結果ね。本当はそんときも、「社会人になって、４人ともタイミングがあってやるわけねぇじゃん！」とぶっちゃけ思ったよ。だけど、「このプロジェクト終了ね」じゃない。それは寂しいから。「タイミングあったらやろうよ」って言って

MY STYLE

「好きなことで飯を食うということ」について

別れたんだけど。

その日、家に帰って。夜寝ようとして布団に入った。その夜が、俺の人生の角度を変えた夜なんだけど。

なんか寝れねぇな～と思って、諦めた店のこと、考えながらさ。「あぁ、あんなに盛上がってきたけど……やっぱちょっと難しいよなぁ。なんか寂しいなぁ」って。「バーテンのアルバイトまでしたのに、この後、どうしようかな」って。物件もそれなりに探してきたつもりだったからさ、もう出てくる気がしなくて。「そんなにすっごい安くできる店なんてあるわけないし、やっぱり店なんてできないのかなー」って。

で、俺、過去のこと思い出したんだよね。

俺、小学校のとき野球選手になりたいと思って、リトルリーグ入っててさ。それなりに頑張ってたんだよ。うん。地域では4番でエースで、それなりに野球がうまい少年だったんだけど。

中学校でも、もちろん野球部に入ろうと思って。入部前の練習みたいなのに参加したら、同じ1年生で、俺よりうまい奴が10人以上いたわけ。それでビックリしちゃって。それで、「あ、俺は、あの町内会でうまかっただけで、外にはこんなにうまい人がいっぱいいるんだ」と思って。

「じゃあ、こっから頑張って、勝っていこう」「練習してうまくなっていこう」って思えばいいものをね……。なんか、ビビっちゃってさ、俺。野球部入んなかったんだよ。野球ってものから、そこで逃げたわけ。

そんなことを思い出しながら、「俺の人生って、ずっとそうだったな」って。今回のお店もそうなわけじゃん？　そうやって、なんか夢っぽいモノを見つけ、それなりに頑張る。けど、「本当にやるぞ」ってなったら、逃げる。やんない。怖いから。そんなことを繰り返してきてた。

で、お店も本当はやりたいのに、またそういうことをしてる。

俺、このままだと、このあとの人生、たぶんまた何かしらの「やりたいなぁ」ってことを見つけて、ちょっと練習とか頑張って準備はするんだろうけど、「いざ！」っていうときは逃げる。そんなことを繰り返していって、50歳とか60歳になって、若くして夢を追ってる奴らを見て、「俺も昔は夢持っててさ」とか言ってるおっさんになってくんだろうなー、って思ったんだよね。

人生って、勝手にミラクルは起きないからさ。やっぱり、自分で動かない限り、絶対ミラクルって起きなくて。だから、俺はこのまま生きていくと、そういう風に、口で言うだけで結局やんない『口だけクン』としてずっと生きていくんだろうなって。「やりてぇ」とか言って、ちょっと努力はするんだけど、結局、最後は勝負しないで、自分の人生がつまんないのを、なんとなくいろんなことのせいにしながら生きていくんだろうな、と思った。正直。

「別にそれでもいいじゃん！」って思えれば、いいよ。それはね。

サラリーマンなったらダメとか、そういう話じゃなくてね。それが楽しいと思ってる人はそれでもいいし、掃除のおばちゃんだって、郵便局のお兄ちゃんだって、公務員の人だって、素敵な人は無限にいるじゃん。

でも俺は、やっぱり、自分の本当にやりたいこと一生懸命やって生きていく人生を歩みたいと思ってたから。だから俺は、そんとき、「このままだったら絶対、まぁまぁマシっていう仕事に就いて生きていくってことになるなぁ」と思ったの。まぁ、よく言うけど、「これが、イイじゃなくて、これで、いいや」っていう感じの人生。そんな人生になるな、と思った。だって、本気でチャレンジしてないんだもん、ずっと。

やっぱり20代って、人生の中では、一番と言ってもいいくらい"守るべきもの"が少ない時代なわけよ。この先、男だったら、奥さんもらって家族を持って、家庭って意味でも、どんどん守るべきものが増えてくる。女の子だってそうだよね？ 子どもできて、って、どんどん守るべきものが増えてくる。仕事だって続けていけば、だんだんその職場での責任っていうのは増えてくるわけで。

「今、やりたいことできない奴が、将来、やりたいことにトライできるわけはない」って、先輩たちが言ってて。守るべきものがどんどん増えていく一方なんだから、それは言えてるなと思ったの。

だから、今こうやって守るべきものがない20歳の俺が、「やりてぇ！」って思うことにトライできないのに、30、40歳になって子どもも奥さんもいて、職場でもそれなりの責任を持ってる状態の俺ができるわけはないよな、確かに、と。

「好きなことで飯を食うということ」について

そのあたりからかな。こうやって、本当にやりたい！　っていう気持ちがあることから、言いわけして、逃げて、やんないっていう人生を、俺は今日で終わりにしよう、って思ったんだよ。このままだと、一生こうなるな、って思ったから。

俺はもう今回、「店やりてぇ！」っていう気持ちは絶対に嘘がないし。自信はないし、どうなるかまったくわかんないけど、とりあえずもう逃げないで、自分がやりたいことに突っ込んでみよう、と。

もう、『口だけクン』としてこう生きていく人生は、今日で終わりにして、こっからは、言ったことはやる奴、もしかしたら失敗しちゃうかもしんないし、いろんなことがあるかもしんないけど、やりてぇ！　って思ったことはやる奴になる、と覚悟決めたわけ。

店がうまくいくかどうかなんて、ホント自信なかったよ、全然。

どうやって１５０万っていうお金を集めるか。もっと言えば、他の仲間がやんないって言ってるから、ひとりで６００万全部。お金は持ってないわけだし、借金して、自分のお店をやるなんて……できるかどうかっていうのは、全然わかんなかった。

だけどまぁ、80歳まで生きるとしたら、逃げ続ける人生であと60年生きるのは嫌だった。死ぬ前に、「なんか、イマイチだったな。もっとやればできたかもしんねぇのに。俺、ずーっと逃げ続けてきた人生だったな」って思うよりはいいだろって、思ったの。

で、なんか熱くなって、仲間に電話した。

「さっきみんなで『やっぱやめよう。社会人なってから』とかなんとか言ってたけど、やっぱ俺〝今〟やるわ！」って言ったら、超ウケんのが、アイツら、「あゆむ〜、俺も今ちょうどそう思ってたんだよ」とか言って（笑）。絶対嘘って思ったんだけど（笑）。3人ともだよ、3人とも。

それで、「じゃあもう1回集まろっか！」とか言って、またその日の夜集まって。「よし、やろう、みんなで！」みたいになって。「とりあえず1ヶ月で150万ずつ。よーし、集めるぞ」って。でも、みんなもちろん貯金はないからね。うん。

で、「ちょっと、お金集めるときのルールだけ決めよう」って、3つルールを決めた。ひとつは、「親に借りない」。俺、親にお金借りて何かやる人、悪いとは別に思わないよ。ただ俺は、自分の仲間で店を作りました、それがオープンして、いぇーいって言ってるときに、友達に「お金大変だったでしょ。どうしたの？」って聞かれて、「親に借りたんだよねー」って言うのは、なんかだいぶロックンロールじゃないなと思ったの（笑）。なんかそれはちょっと寒いなと思って。だから親に借りんのはナシにしようと。

あと、嘘をつかないこと。お金を貸してもらうために、「こんな店をやる、あんな店をやる、だから儲かるよ」っていう説明をしなきゃいけないわけじゃん？　そういうときに、嘘をつかない。なんかいろいろとウマイこと言って、「こうやって儲かるから、ちゃんと返せるから」みたいなことを言いたくなっちゃうときもあると思ったから。

あとは、まぁ俺らヤンキーだったっつーのもあるから、「後輩からタカらない」っていうルールね。「パー券売ってこい」とか、そういう圧迫した感じっていうのを、やらない、と。

そういう3つのルールを決めて、4人それぞれ、1ヶ月で150万円集めるのが始まったのね。

まぁ、自分がハタチで、貯金1円もなくて、ビンボーなひとり暮らししてるとして、「どうやったら150万、1ヶ月で集められるかな」と想像して欲しいんだけど……。

まぁ、俺が女の子だったら「即、お水！」っていう感じだったんだけど、まぁ俺は男だし、お水行っても誰も買ってくれないっていうのがあるから（笑）。

まず、「持っているモノを全部売ろう」と思ったんだよ、そんときの俺。バイクも持ってたし、ギターとかも持ってたし、ステレオとかもあんじゃん？　あと、テレビとか。そういうのぜーーんぶ売って。飼ってた猫のゲンキも売ろうとしたんだけど、逆に「金払え」とか言われて（笑）。うん、まぁとりあえずぜーーんぶ売って、「俺と、ゲンキと、サランラップしかない」みたいな。持ってるＣＤとかも全っ部売ったから、スッカラカンって感じの部屋になって。

で、手元に残った金が18万円だった。高いのか安いのか。バイクもあった割には安いでしょ？　で、「あと１３２万！」とか言ってたわけ。

次に考えたのは、高額バイト。今みたいにインターネットがないわけよ。ポケベルとかそういう時代だから、今みたいにネットで検索とかできないわけよ。だから、「ちょっと、そんな『高額バイト』とか言ったって、どこに載ってんの？」みたいな。ちょっと時給が高いバイトみたいのは載ってるけどさ、スゴイのはなかなかなくて。

で、探してるうちに見っけたのが、「人間モルモット」っていうバイト？　今は「治験」って言われるよね。

世の中の薬って、まずネズミに試すわけ。で、そのあとサルに試して、そのあと健康な男子に試すわけよ。その「健康な男子役」があるわけ、実験台で。

それを発見して、「マジ、人間モルモット、アチぃ！」とか言って（笑）。行ったわけ。なんか、ほんっとバトルロワイアルみたいだったよ（笑）。行き先も告げられずにバスに乗せられ、茨城県のつくばっていうところに運ばれて。

で、なんかサティアンみたいなビルがあるわけ、三角形の。そこに突っ込まれて。いきなりズラッと並ばされて、20人ぐらい。で、製薬会社の人と看護師さんみたいなのがきて、手に山盛り、薬を乗っけられて。「はい、飲んで！」とか言われるわけ（笑）。で、飲むんだよ、錠剤をいくつも。

俺が試されたのは、血圧を下げる薬だったのね。俺もともと血圧が低いわけよ。だから、飲んで少し経った瞬間に超ー眠くなっちゃって。「寝ていいスか？」ってベッドで寝て。

で、起きたら16時間とか経ってて。なんかチクチクすんなと思って腕見たら、なんか

20〜30回打たれてる感じの紫になってて、つぶつぶで。
「マジかよー！」と思って超キレたの。「何勝手に注射してんの？」って看護師さんに言ったら、「契約ですから」とか言って。マジでヤベー（笑）。まぁ大丈夫だったけど、今ね、こうして元気に生きてるから。

そんなことを2泊3日して、なんとか生存して、もらえるお金が8万円だったの。

で、そんなことをぐじゃぐじゃやってるうちに、2週間ぐらい経っちゃって。期限まであと2週間しかなくなっちゃったわけ。「あー、ヤバい。まだ金全然集まってないし、超ヤバい……」とか言って。

もう残された手は、友達や知人だよね。「親以外の知ってる人に、『お店を出すから、お金を貸してください』って頼むしかないよね」って。

で、卒業アルバムとか全部出して、「とにかく、今までの人生で1回でも話したことある奴、全員に電話しよう」みたいな（笑）。

まずは、バイト先の友達とか大学の友達とかさ、そういうちょっと近いところから行くんだけど。まぁ、想像つくでしょ？　そんな……ねぇ、「親が死にそうだから、病院

「好きなことで飯を食うということ」について

代貸してくれ」だったらまだしもさ、「お店やりたいからお金貸して」って。素人が、やるわけじゃん、借金で。みんな、そんな貸す金あったら自分が使いてーよ、っていう歳じゃん、20代前半なんてさ。

一生懸命みんなに頼んだんだけど、なかなか難しいよね。実際、金持ってない奴も続出。貸したいという気持ちはあるんだけど、みんなまずお金を持ってない。

あと、俺のことを想ってくれる人ほど、「お前、そんな甘くねぇぞ」って。「あゆむは確かに、頑張ってるいい奴だけど、素人が借金で店やって、うまくいったなんて話聞いたことないし、考えた方がいいよ」みたいなことを言われたり。

必死で頑張ったんだけど、全然集まんなくって。みんな同じだった、4人とも。

で、「もう、時間もないし、600万集めるのはやっぱり無理かもね」っていう感じになって。また諦めそうになっちゃってさ。4人でダイスケの家に集まったんだよね。

で、そのとき、原点に戻ったんだよね。

「最初っから、金が必要なんてわかってたじゃん。夢持ってて、やるって決まってんのに、『やっぱ金が集まんねぇからやめます』とか、あまりにダサいでしょ」って言って。

「やってみてキツイからって、やめるかやめないかっていう選択肢じゃなくて、4人でやろうって言ってんだから、マジ、できるまでやろうよ！　今、俺たちができる最善を尽くそう」って。

よく俺、「精神論から技術論へ」みたいなこと言うけど、それね。

まず、熱くなるじゃん？　そっから、「じゃあ、どうする？　具体的に何する？」っていうトコにすぐいくべきだと思うわけ。なんかこう、「やろうよ、いぇーい！　タマシイーー！」とか言ってても、要は、魂懸けて何をやるわけ？　って話なわけじゃん（笑）。

友達に借金のお願いするって言っても、「ただ気合い入れて電話しても、ダメっぽい」っていう話なんだよね。熱くなればなるほど、「宗教？」とか言われちゃうしさ。で、具体的に何ができるか？　って話してて。「わかった」って言って。「ひとりひとり電話すると、落ち込んだときに立ち直るのがキツイから、4人で励ましあいながらやろう！」とか言って（笑）。あと、「それぞれのナイストークだったのを、パクりあおう」みたいな。なんか、営業マンの集まりみたいな感じになってきて。

「好きなことで飯を食うということ」について

で、ダイスケのうちの部屋の真ん中に電話置いて、順番に電話。「じゃ、あゆむ行きまーす」とか言って、俺から、「あ、久しぶりー」って昔の友達に電話して。たとえば、それで俺が1万円貸してもらえたとしたら。チーンって切って、「1万ゲットーー！」とか言って、「マジお疲れ〜！　今の喋り方、ちょっとマネしていい？」「どんどん使って、どんどん使って」、みたいな感じで（笑）。

でも9割方、断られるわけよ。そういうときでも、「はぁダメだった……」「だいじょうぶ。悪いのはオマエじゃない」とか言って励ましあって（笑）。もうブルーな展開がずーっと続いたら、「ちょっと『カクテル』でも観て、みんなでテンション上げよっか！」みたいな。

そんなことを、みんなでやるようになってきたら、なんつーのかな、「空気が変わってくる」って言うか。部屋でひとりで、こんなんなって（うつむいて縮こまって）電話かけてるときと、やってることは同じなんだけど、仲間でそうやってテンションアゲアゲでやると、なんかいい空気になってくんだよね。たぶん電話の声も違うんじゃない？だからだんだん貸してくれる奴が、増えてきて。「おい、マジかよ」みたいな。大抵の人が貸してくれないのは当たり前としても、だんだんポツッポツッと貸してくれる人が増えてきて。

で、元気出てくるから、余計ノリノリになってくんじゃん。そしたら、「車買う金貯めてたのを一時的に貸してやる」とか、「結婚するまでいいわよ」って、結婚資金を貯めてた女の子が貸してくれたり。

ヤンキー時代の友達なんか最強でさ、俺が店の説明をしようとしたら、「もういいよ、あゆむ。細かいこと話さなくていい。あゆむがマジで命懸けてやるなら、貸すよ」って。「ただ1円もお金持ってねぇからちょっと付きあって」って言って。消費者金融行って、カード作ってキャッシングして、「はい」って。「ありがとう、マジで」みたいな、もうホント、涙の日々だったけど。

それで、1ヶ月でトータルで620万円かな。実際お金が集まったのね。もちろん言うまでもなく、俺たちがすごいんじゃなくて。その、貸してくれた人たちが、素晴らしくて。

4人座って、コタツのうえに620万円積んだんだよ。大体1万円札だったけど。

なんかそのときに、すごくドキッとしたのを覚えてる。なんかこう……「いぇーい！やっちゃおうぜマジで！」とかじゃない、すごい現実があるわけじゃん。ここにある金、ほとんど借りてきて集めたわけじゃん。

「マジで始まるんだな」みたいな。「コレ持って逃げちゃう？」みたいな冗談も言える雰囲気じゃない、すごい覚えてる、その感じを。ゾクッとしたっていうか。「やべぇ、すっげぇリアルな世界だな」っていう風になったのを覚えてる。

ついに！　お店がオープン

そっからはちょっと文化祭状態で店を作って。オープンして。

「俺らの店、オープンしたから遊びにきてよー！」みたいな感じで、みんなきてくれて。で、俺はあのトム・クルーズの映画『カクテル』のマネで、カウンターに立って、「俺の詩が聞きたいかー！」とか言ってハジけて。まぁ、ハッピーな感じだよね。「若くしてお店出してすごいね！」ってみんな言ってくれて。いい感じの日々。

オープンして、そっからまぁ1週間、長く見て1ヶ月は友達がくるんだよね。「あゆむたちの店ができたんでしょ?」「オープン記念〜」とかいってパーティーやってくれたりさ。なんだかんだで知りあいで店がぐちゃぐちゃしてるわけよ。

でも、みんな1回しかこないわけよ。たまにもう1回、2回、3回ときてくれる人もいるけど、基本はまぁ1回くるだけ。1ヶ月くらい経つと、誰もいなくなってくるわけ、客が。スナックとかいっぱいある雑居ビルみたいなのの2階にポコってある店で、素人がやってて、特に宣伝してるわけでもない店に、いきなり知らない人が続々入ってくるわけないじゃん? そんなんでね、全然お客さんいなくなっちゃって。

今思うと、アレだったなーなんだけど。

「大好きなことをやって、自分の好きなモノと、好きなお酒と好きな音楽と、好きな仲間に囲まれて、生きていこう!」っていうので店を始めたのに、結局、商売繁盛させなきゃ、友達に借りたお金を返せないわけよ。だから、別に金持ちになりたいってわけじゃないんだけど、ある一定の売り上げを上げないと、お金が返せない。「友達に借りたお金を返せない」っていうのは人としてナシでしょって思ってたから、ある程度は繁

MY STYLE

「好きなことで飯を食うということ」について

盛させなくちゃいけなかったわけ。

自分らが貧乏になるだけだったら、「いいんじゃね？　別に客なんてこなくても、好きなようにやろうぜ」とか言ってたかもしんないけど、すぐに利益出して返さなくちゃいけなかったから、「ヤベェ！　売んねぇとヤベェ！」ってなっちゃったの。

あんだけ「自分らがやりたいようにやって、気持ちよくやってこうぜ」って言ってたクセに、急に、「流行りを取り入れないと」とか、「自分らがやりたいようなことをやるのは、儲かってから」とか、そういう気持ちになってきちゃって。

自分らが何をやりたいかとか、自分の気持ちとか、こだわりとか、全部置いといて、流行を取り入れようとしたり、繁盛店のマネをし始めたり。

「好きなことやるのは、とりあえず儲けてから。とりあえず儲けないとヤバい！」みたいにどんどんなっていっちゃって。「いいな」と思うことを全部捨てて、媚びるとこに媚びまくって。

ホントは「ロックンロールがガンガンにかかる店やろう」って言ってたのに、ちょっとお客さんがうるさそうだったら、急にエンヤに変えちゃったりとか。自分たちのポリシーをぜーんぶ捨てて、客に媚びまくるっていう風にやっちゃったの。とりあえず目先の金を稼がないとって思ったから。

でもね、そしたら余計売れなくなった。俺らがただ「流行を取り入れるセンスがない」っていう話もあるけど。

余計にお客さんがこなくなって、言うならもう「誰もこない」みたいな感じになっちゃって。

で、オープンしてから半年くらいの頃に、もうお金がヤバいからっていうことで、俺たち４人の店員たちは、住んでいたアパートを解約して、店に住むようになった。だんだん飯を食いにも行けなくなって、お客が残したもの食ったりロスが出たものを食ったり、そういう生活になっていって。

そうやってなんとか、借りたお金を返したりしながらやってたんだけど、もうお店の家賃も払えなくなってきちゃったのね。媚びてるばっかりで、お金のために頭下げ続けて、やってても全然楽しくない。「もーどうすればいいかわかんない。こんなに借金抱えて、お店やめるにもやめれないよね」みたいな感じになって。

MY STYLE

「好きなことで飯を食うということ」について

それで……なんかすごい覚えてるけど、4人で、閉店したあと店ん中で、「どうしよっか。ちょっと、ぶっちゃけトークしよう、久々に」とか言って。「ぶっちゃけさー、どう?」って聞いたら、「俺、普通の大学生に戻りたい」とかみんな言い始めて（笑）。「店やんなきゃよかった。こんなに大変だったら……」みたいな。

そんな話をしてたときに、「じゃあ、飯でも食いながら今後のこと相談しよ」って言って、みんなでセブンイレブン行って。

そしたら、セブンイレブンのガラス窓にポスターが貼ってあったわけよ。そのポスターが、まぁ俺たちの人生を変えたんだけど（笑）。

それが佐川急便のポスターで、そこに、「気合いと免許だけで、明日から40万円。佐川急便」って書いてあったわけよ。一瞬スルーしそうになったんだけど、俺が「ちょ、ちょっと、待って。みんな」って。「これ、みんな見てよ。な、何コレ?」って。「気合いと免許は持ってるよね?」「あ、持ってる持ってる」とか言って（笑）。「え……?　ってことは、明日から40万ってことは……。俺らひとり150万ずつぐらい借金してるわけじゃん?　4ヶ月でチャラ!?」って。

なんか、俺ら今まで、「借金抱えたまま店が潰れたら、超・人生がもう終わり」みたいな変な気になってたけど、ちょっと待てよ、と。よく考えりゃ、別に借金抱えたまま店が潰れたって、4ヶ月佐川で働けば、チャラなんだ！　っていうすごい現実を知ったわけ。

「じゃあ、もしかして、俺ら超やりたい放題やって、借金作って、店閉めたとしたって、佐川4ヶ月でチャラ？」っていう話になって。そっから俺たちに、「コケたら佐川」っていう、ゴールデンワードが生まれたわけよ（笑）。

「じゃあ、俺たちは今まで、目先で金稼がなくちゃいけないし、『店潰れたらヤベェ！』って言って、流行追ったり過去の成功者のマネしたりして、自分らのプライドは忘れて、媚びまくってきたけど、もうそういうのヤメよう」って。

「もう全部、自分らが最高！　って思うことを思いっ切りやって、それでダメだったら、佐川行こうぜ」って言って。すっげぇ心の支えができてさ。「コケたら佐川」っていう言葉をつかんだ瞬間に、みんな超イケイケになって。

「よっし！　じゃあ原点に戻ろう。思いっ切りやりたいように、お店のメニューも、内装も、かける音楽も、店員としての態度も、自分らが最高って思えるように、思いっ切りやって、それでダメだったら、佐川行こうぜ」って。

「好きなことで飯を食うということ」について

それで、今まで媚びてたものをね、全部なくして。自分らが最高って思えることだけの店に作り直した。

そしたら、ほとんどの人から、「そんなのただの素人の自己満足でしょ」とか、「好きなことやって飯食っていくのは、そんなに甘くない。そうやって媚びなきゃいけないに決まってるでしょ」とか、いろんなことを言われたけど。

実際は、「これが俺たちの店です。マジ、胸張って、そう言えます」っていうような店にできたことで、そこからね、お客さんもくるようになったんだ。どんどんどんどんお客さんが増えていって、面白いもんで、繁盛してる感じになったの。あれよあれよと言う間に、ワーっとお客さんがいっぱいいる店になって。

ほんっとに、「コケたら佐川」っていう言葉を支えに、「自分たちが本当に最高だと思うものを、胸張って一生懸命やろう!」ってなったときを境に。

どんどんどんどんお客さんが増えていって、最初は、「なんだかわかんねぇ」「なんか若いのが適当にやってんな」みたいな悪口言う人がいたけど、千葉の1店目がすげぇ繁盛して、仲間も増えて横浜に2店目が出るってなった頃、いわゆる、わかりやすい成功の事実っていうのが出てきた頃に、変わったよね。

初期の俺たちのことを見て、悪口言ってた人たち全員が１８０度。「ワンエイティー」ってよく言ってたけど（笑）。１８０度転回で、みんなが急に、「やっぱり、あゆむ君っていうのは、こだわりがあるよね～」みたいな（笑）。「お前『自己満足』『ワガママ』ってこの前言ってなかった?」みたいな。

そういう言葉が全部入れ替わる感じ? 急に、「ワガママ」っていうのが「個性」って言われたり、「自己満足」は「こだわり」って言われたり、「失敗」は「経験」って言われたり、全部言葉が変わってくんの。面白いもんで、急激に変化していった。


俺たちみたいな普通の人間でも、胸張って自慢できる空間を作って、ホントに自分が最高だと思うことを一生懸命やってたら、飯なんか全然食えんだなっていうのを、知らなかったよ。「世の中の先輩、ちゃんと教えてくれよ!」と思った。

ほとんどすべての人が、無理だって言ってたからさ、俺に。だけど、やってみたらできた。そういう思いがすごいあって。その体験はやっぱり俺の中では。すごく大きかったなぁ。

そう言えば。店を始めた初期の頃、貧乏で、すっげえ金なくて、もうアパートも借りれなくて、みんなで店に住んでて。

超笑っちゃうのが、食い物も客が残したポテトとかきゅうりとかに偏ってたから、俺、なんか目の下が黒くなってきちゃったわけよ。野球選手が黒いの付けるのわかる？　大リーグとか。そんな感じ。んー、目の下にクマどころじゃない、なんかもう「シール貼ってます？」っていう感じに真っ黒になっちゃって。

で、「あゆむ、ちょっとヤバイんじゃないの、それ」とか言われて。病院に行ったら、先生、「今時珍しいね。栄養失調ですよ」とか言いながらカルテ書いてんの。「え？あの栄養失調って、アフリカの子どもとかがなるやつですよね？」「はい、その種類ですねぇ」って言われて。「マジ、おいしい」と思ったわけ、俺。

で、店に戻って、カウンターで、「俺、この時代に珍しく、栄養失調とかなっちゃって～」とか言って。そしたらみんな、「もう、あゆむ君、可哀相だから、イチゴ持ってきたよ」って。「俺のこと、可哀相と思うなら、ボトル入れてくれよ」みたいな話でさ（笑）。

なんでもかんでも『ネタ』にしてた。それをさ、「俺、栄養失調になっちゃって……ヤバイんだよ、体調悪くてさ」とか暗く言われてもさ、辛くなるだけじゃん。だから、そういう初期の貧乏とかどうしようもねぇことっていうのは、全部笑いのネタにして。「うまくいったら、あとで絶対、コレが最高の笑いのネタになるから」ってみんなで言いながら、テンション上げてたね。

テンション下げて、夢が叶うなら下げるけど、そうじゃないもんな。

「ブルーになっちゃったとき、どうするんですか?」って俺もよく聞かれるけど。うん……それは、俺だってブルーになるけど。「いやぁ、やべ～」っていうのを、「じゃあ、どうしよっか?」っていう風にすぐに変えていけばさ、ブルーになってる時間が超短くなるわけ。

「じゃあどうするか?」っていうのを決めないから、ずーっとブルーなんだよ。ブルーなままいて解決されんならブルーなままでいいけどさ。

「やべー、マジで」とかなっても、「じゃ、結局こうするしかねぇよな!」って言って、考えて動き出せばさ、「はい、ブルーな時間終わり」ってなるじゃん(笑)。「あとはどうするかだ」っていう話になるわけで。

MY STYLE

「好きなことで飯を食うということ」について

何やるにも、最初はさ、いきなりうまくいくわけないじゃん。だけど、そういう最初の貧乏とか、うまくいかないときとか、まわりになんか言われちゃうときっていうのを、テンション上げて、頑張り抜いて、わかりやすい結果が1個出れば、完全に豹変するから、世の中って。完全に180度。

だからやっぱり、スタートするときの、自分の中からあふれてきてる「スッゲェ！こういうのやりてぇ！」とか、「こういう風になれたらいいな」っていう想いが大事。

そういうのに対して、心ある人たちは、だからこそ言ってくれると思うんだ。俺のことを想って、ね。否定的なこともいろいろ言ってくれるけど、そこでシュンってなってやめちゃうっていう人が多いじゃん？

逆に、「いろいろ言われることや、最初は超ヤバイことが起こるのは基本です！」っていう気持ちになっとけば、いろんな人に「やめた方がいいよ〜」とか、「もう無理だよー」とか言われても、「それが、基本！」と思ってれば、そんなに精神的にダメージ食わないんだよ。「よしよし、とりあえず、今ヤベェのは、まぁ……当たり前」と。

よく言うけど、「成功するか、失敗するか」っていう話じゃない。「成功するまでやれば、必ず成功する」わけよ。だからギャンブルじゃないんだよ、夢を追うっていうのは。やめなきゃ、絶対にいつか成功する。

そういう気持ちでいれば、ビビリはないじゃん。なるべく早くうまくいった方がいいから、「よし、一刻でも早くこの苦しい時代を乗り越えよう」と。

あと、「この苦しい時代は、あとで、酒のつまみになるようなネタを、飲み会で英雄になれるネタを、なるべく多く作るぞ！」みたいな（笑）。

いろんなこと言われたりしてショック受けたり、金もないし辛いなとか思ったり、友達がルンルンで過ごしてんの見ながら「やっぱこんなこと始めなきゃよかったな」と思ったり、いろんなことがあるかもしんないけど、「うまくいくまでやれば、いずれうまくいくんだから」っていう気持ちで、乗り切っていって。

1個うまくいったら、みんなが褒めてくれて、「いぇーい！」って気持ちになって、「次何やろっかな?」みたいな気持ちになる。

そういうのは、この店の体験で、初めて得たって感じだな。

まだどっか、「高橋歩だからできたんでしょ?」とか思うところもあるかもわかんないけど。もうホントに、このぐらいの感じ。あとなんも裏にない感じ？わかる？（笑）

「好きなことで飯を食うということ」について

「ホントはもっとこういうこと考えてたんでしょ?」とか、ホントにないから。「俺みたいのでも、できる」って、人生で初めて思えたのは、そんとき、店をやったとき。「流行を取り入れる」とか、「媚びてうまくやってくビジネスセンスがある」とかじゃなく、自分が最高だー! って思うことを、仲間と作って……それはもう、ホントにこだわってやったよ。自分が最高だって思うことに関しては徹底的に。バーテンダーとしては、カクテルの一滴に対してまで、すっごい想いを込めてたし、流す音楽とか内装とか、自分の「大好きだ! こうだろ!」って思う世界に対しては、徹底的にこだわってたよ。それはすごく一生懸命やった。

それで、多くの人に伝わって、それでご飯食べられるようになって、というのを体験したときに自信になった。

いろんなことをまわりに言われるっていうのも、俺は人並みにすごい気にしてた。だから、多くの人から「やめた方がいい」「そんなに甘くない」っていうのを言われたときは、「そうかもな」って思う自分がいた。

でも、1回うまくいったら、世の中が全部変わったっていう体験がすごく新鮮で。「あー、こんなにもまわりって変わるんだ」みたいな。「だったら、まわりの意見をあんなに気にすることなかったな」って思えるようになった。

それはね、1回実体験するまで、確信としては持てないと思うけど、まぁそこは俺も同じだったわけ。

俺にとって、そのお店をやったっていうのが20歳だったことが重要なんじゃなくて。「人生の中で初めて本気で、今までの自分だったらできそうになかったことに、チャレンジした」っていうのが重要だった。

もちろん失敗したこともいっぱいあったけど、うまくいくまで粘って、最後に結果が出た、っていうところまでいけたときに、今の俺的な考え方が生まれたんだよね。

「あ、できんじゃん！」と思ったの。「あぁ、すごい人にしか無理って言われてたし、なんか世の中の空気もそうだったけど、俺でもできんじゃん！」って。初めてそんときに思ったんだよね。

そっからもう、イケイケだね。人生（笑）。

「好きなことで飯を食うということ」について

そういう意味では、俺にとってその体験はとっても大きくて。今でも、自信がどんどんどんどん増えていって、あの頃よりも、もっともっと「やれるぜ！」っていうことが増えてきてるっていうのは、あのときの1回がすべてだよね。俺の中の人生っていう意味では、やっぱあのときの1回。1発目。

今までの自分だったら逃げてたことだけど、やってみて、成功を体験したっていうのは、ホントに大きかったよ。うん。

だから、俺がすごく思うのは、その1発目だよ。

みんなそれぞれ何歳になってきたっていいさ。「これ、ホントやりてぇなぁ〜！」みたいなこと。まわりにいろんなこと言われたり、冷静に考えたら難しいかもな、と思うかもしんないけど、そこでなんとか一発気合い入れて、覚悟決めて、やり抜けば、そっからの人生はイケイケ。やりたいって思うことには、自信を持ってどんどんチャレンジできるようになるよ。

だから1回！　なんかこう、自分の本当にやりたいこと、ない？　別に「みんな店出せ」みたいな話じゃなくて（笑）。なんでもいいんだけど、自分がやりたいなぁ〜と思うことを、何歳でもいいからやってみると、大っきいかな〜って。ぅん。俺は偶然20歳だったってだけで。

だからホントに、「これだぁ！」っていうものに出逢えたら、それを一生懸命やってみて。ぅまくいくまでやってみりゃ、ぅまくいくんだからさ。

ほんで、うまくいったときに、「なんだよ〜。人生って、自分らみたいなフツーの（俺も含めてだよ？）奴でも、大好きだなと思うことを一生懸命やってたら、飯を食っていけるようになるんじゃん！」って。それで、「オッケー！」って思えたら、そのあとの人生、「じゃあ〜、次は何やっちゃおっかな？」っていう感じになってくるからさ。

次、何をしようかな？

20歳でお店を始めて、22歳になって、23歳になるぐらいの頃に、お店が4店になった。すっげぇお金も儲かった。なんか雑誌とかの取材もきて、「若くして青年実業家の〜〜」みたいな。

「好きなことで飯を食うということ」について

キッカケはないんだけど、ふとしたときに、「あれ？　最近の俺、超ダセェ」っていうことに気づいて。小っちゃな成功にしがみついて、ちょっと自分が成し遂げたことをいつまでも自慢してるような奴、マジダセぇと思ってたのに、なんか知らない間に俺もそんな奴になっちゃってたんだ、みたいな。なんか急に今の自分が嫌になっちゃって。

そっから、お店を10店、50店、１００店って計画を立ててもいいしさ。もっといろいろチャレンジはあるわけじゃん。でもね、そういう人はそういう人でいいけど、俺はなんかね、店の数を増やしたいかっていうと、それ以上は思わなかったんだよ。チェーンになってくると、なんか経営みたいになるじゃん。システムをいっぱい作ってさ、店長会議して、仕入れもシステム化して……って、「そんなことをやりたいわけじゃないなー」って思ったの。

で、みんなに話したんだよね。「どうする？」と。「なんか、4店までガッと走って持ってきて、それなりにみんな飯も食えるようになって、いい感じだけど、次はどこ目指そっか？」って。

そしたら、「別に、店を超増やしたいわけじゃないよね？」「なんかいい感じでやっていけりゃ、いいよね」くらいの感じだったんだよね。

さらに俺は、そういう風に話してて思っちゃったのは、「もうやめたいなぁ」と。こんな小っちゃな成功にしがみついちゃう俺は、強い人間じゃないからさ。なんか店4店持って、みんなにチヤホヤされて、金も持ってたら、なかなか抜け出せる気がしなかったわけ。もう現状で満足みたいな。このまま小っちゃくまとまっちゃいそうな気がして。

もう1回ゼロから。「なんにも持ってないプータローの高橋歩です！」ってなって、何かやりてぇことにチャレンジして……そういうゼロから1をもう1回やりたいな！みたいな気になって。

「お金は黙ってても振り込まれるし」とかなって、金いっぱい持ってたりさ、いろんな人から「お店のオーナーですか？」ってよくされてたらさ、なんかハングリーさが湧いてこないじゃん。

だから。仲間で頑張ってきたお店だけど、1回全部やめて。退職金とか株券とかも一切もらわず、マジでただのプーになって。なんかまたゼロからやりたいこと見つけてやるっていう人生をやってみたいなぁって思っちゃったの。

「好きなことで飯を食うということ」について

んで、仲間にそうやって話したら。まぁ一応俺社長だったしさ、みんなのリーダーだったから、「あゆむ、気持ちはわかるけど、みんなでやってきて4店までなって、それなりの会社になっちゃってるし、いきなり社長やめるはないでしょ」みたいなことをみんな言ってたんだけど。

「じゃあ、ちょっと」とか言って、みんなでカラオケ行って、俺がブルーハーツの『終わらない歌』を歌って。みんな大好きなんだけど。そんで、最後にちょっとエコーかかったマイクで、「マジ、俺そういう気持ちで……やっぱ、やめるしかねぇって気持ちなんだけど、どうかなぁ?」ってシャウトしたら、「わかったよ、あゆむぅ!!」みたいな（笑）。みんな超単純な奴らだから、もう（笑）。それで円満退社（笑）。いい感じであっという間に片付いて、そんでまぁ、23歳のときにいきなりプータローになったわけよ。

で、やることないじゃん? やりたいことなんか、あっという間に見つかるもんでもないじゃん? 退職金もらってないからさ。金もねぇからとりあえず、適当に日雇いに行ったよね。1日8000円くらいもらえんだよ、工事現場行くと。そういうのを金がなくなったらやって、あとは大体、家のまわりの公園で、そのへんの子どもをいじめる。

なんか「ジャイアンがきた!」とか言われてたんだけど(笑)。

その頃、友達にも「あゆむ、最近何やってんの?」って聞かれたら、「えー、職業的にはジャイアンかな」とか言ってたよ。ははは。「23歳、職業・ジャイアン」みたいな、どうしようもねぇ状況で、もにょもにょしてて、だらだらしてたわけ。

で、「なんかやりたいこと、また出てこねぇかなぁー」と思って。まぁ昔より、ちょっと自信はついてるから。「なんでもできるとしたら……」みたいな気持ちで、そういう視点で世の中を、またクラウチング状態に入った感じで、見てたわけよ。

次のスタートボタンは本屋にあった。

次のスタートボタンは、本屋さんだったね。

マサキっていう友達とふたりで、ほら、俺自伝が好きだから、自伝コーナーにいたわけ。で、いろいろ自伝が並んでて。マサキに、ちょっとギャグで、だよ?「マサキ、マサキ、ここにさ、『野口英世』『キュリー夫人』『高橋歩』『アインシュタイン』って感じで本が並んでたら、マジ熱くね？」ってふざけて言ったわけよ。

それをマサキがスルーしてくれたら、何事も起こらなかったのに。そこでマサキが真っ向から受け止めちゃって。「それ、マジ熱いよねー！」みたいな感じになっちゃったわけ。

俺も、「え!? そんな熱い？」みたいな感じで。「そうだよね！ 普通、有名になってから自伝出すのに、無名なのに自伝とか書いちゃって、しかもその自伝が売れちゃって、有名とかなったら超掟破りだよね？」って、なんか盛り上がってきちゃって。「23歳で自伝とか、マジウケるよね。何書くの？ って感じじゃん！」って（笑）。そんな風に盛り上がってきちゃったわけよ、話が。それで、「マジでやっちゃう？」みたいになって。

でも、今みたいにインターネットがないからさ。「どうやって本を出すのか？」っていうのを調べるために、『本を出すために』みたいな本を探して。

俺は、自費出版とかはハナっからまったく興味がなかったわけ。大ベストセラー狙いだからさ。自伝書いて、友達だけに読ましてもしょうがねーじゃん、と思ってたから。ベストセラーになんないと面白くないじゃん。だから、とりあえず、そういう自費出版の本とかじゃなくて、ちゃんと『本でデビュー』みたいな感じのを見てたら、「出版社に企画書を持って行って、それが通れば、出版される」みたいなことが書いてあって。

俺ら、ほら、水商売上がりじゃん？　バーテンダーだし。「もう企画書とかマジで意味がわかんない」みたいな感じだったわけ。そんなものちゃんと作れるわけがないってのがまずあったし。

あと、出版社ってなんかこう、メガネかけたヤル気ねーおじさんがいるところ、みたいな勝手なイメージがあって。そういう人たちに、「23歳で自伝出します！」って言ったって、「面白いね、出そうよ！」って言われる気がしなかったっていうかさ（笑）。なんか、「大人になんか絶対わかんねぇだろうな」って思ってたし。

で、なんかメンドくさくなってきちゃって。

『企画書の作り方』みたいな本も、ちょっとだけは見たんだけど、なんかわけわかんねぇなと思って。漢字とかいっぱい書いてあるし。俺、漢字あんま好きじゃなくて。まぁいいんだけど、そんな話は（笑）。

マサキと「もう、なんかメンドくさくなってきたね」とか言って。

「店だって、自分たちで作って、自分たちで運営して、全部やってたんだから、出版社だって、自分たちで作っちゃえばいいんじゃね？」って。「やりたい放題だべ、しかも。本出したい放題でしょ！　出版社、自分たちで作ろうぜ」とか言って。

「そうだよねー！」って盛り上がって。ふたりとも、ほら、脳みそ足りないチームだから（笑）。「自分たちで作ったら、やりたい放題」っていうのを合言葉に、じゃあ、自分たちでやろう、と。「よし、決まり！」って。


で、「まず出版社の名前決めねぇとなー」とか言って。その頃超ハマってた『サンクチュアリ』って漫画があるわけ。それがもう超熱い漫画だったから、「よし、サンクチュアリ出版！」って、勝手に決めて。

「仲間を集めるためには、チラシを作んないと」とか言って、手書きで、「サンクチュアリ出版、熱い仲間募集。給料5万円、残業あり」って、連絡先だけしか書いてない、わけわかんないチラシを作って、友達のカフェとかに貼らしてもらってたわけ。

みんなも、「このチラシでは、さすがに誰もこないと思うよ。だってサンクチュアリ出版とか、マジわけわかんない。宗教チックだし、さらに『給料5万円、残業あり』とかわけわかんないし。熱い仲間募集としか書いてないから、何を求めてんのかもわかんないし」って。「ま、大丈夫だよ！　世の中にはどうかしちゃった奴がいるからさ」って俺は言ってて。

そしたら、やっぱりふたり頭おかしい奴がいて（笑）。ふたり応募がきて。ひとり目は、まず俺の弟ね（笑）。ミノルって言うんだけど、今の俺の本の全部のデザイナーだよ。（棚の本を指しながら）この俺関連の本は、ミノルが全部デザイナー。で、そのミノルが、「アニキー、俺もマジ出版一緒にやるわ」とか言ってきて。

もうひとりは、コンって言うんだけど、そいつは、いわゆる走り屋。車を「キィィィィ!!!」ってドリフトとかやる人いるでしょ、湾岸の方で。ああいう人で。まぁ、確かに「俺、熱いっすよ」とか言ってたけど。熱いは熱いけど、ちょっと方向がな……みたいな感じはあったけど、まぁすげぇ熱い奴で。

「よぉし！　じゃあこの4人でやろう。サンクチュアリ出版スタート！」とか言って。でも、出版社っていくら金がかかるか、まったくわかんなかったの。その頃、『出版社を

「好きなことで飯を食うということ」について

始めるために』なんて本なかったからさ。お金の例とかが書いてある本も一切なかったから、「いくらかかるかわかんないけど、とりあえず店と同じでいいや」って（笑）。また、「ひとり１５０万ずつな」とか言って（笑）。

店のときと同じパターンで、ルール決めて、「１ヶ月でひとり１５０万！　みんなで金集めスタート、いぇーい」とか言って。また。モノ売って、人モル（人間モルモット）行って、電話して……みたいな。ははは、「人モル」って略しちゃったけど（笑）。

それでまた友達にお金借りて……、前回ちゃんと返してるから、ちょっと俺も信用ついてるみたいで、なんかまた貸してもらえたりとかして（笑）。

結局４人とも、まぁ、それぞれいろいろ大変だったけど、６００万円くらいのお金を集めて、サンクチュアリ出版スタート！

で、何からやっていいのかわからないから、「とりあえず事務所からいくか」とか言って、わけわかんねぇアパート借りて、そこに机置いて、パソコンだけ買って。使わねぇのに。手書きのクセに。パソコン買って、とりあえず。んで、壁に「祝・ベストセラー！」って紙に書いて貼ったりとかして（笑）。わけわかんない状態で、とりあえず出版社を始めた。

あとは、「このままボーッとしてたら、さすがにヤバイよね。まず、本ってどうやって作んだろうね？」っていう話になって。「じゃあ、印刷会社とかじゃねぇ？　聞きに行くべ！」とか言って、いろんな印刷会社に聞きに行って。

俺たち、ほら、ベストセラーを作る設定じゃん？　だから、近所の印刷所のおばちゃんとか、いい人なんだけど、そこだと作るのが間にあわないなぁと思ったわけ。何万部とか売れるから。「これはちょっと、日本でトップ10に入る印刷会社とやろう」って、勝手に俺が決めて。

電話帳で調べて、「デッカイところから、まわっていこう！」とか言って、なんか入り口にちゃんと受け付けのおねーちゃんがいるようなビルの中の印刷会社に、どんどん当たっていったわけよ。んで、まぁ、もちろん……ねぇ、9割方門前払い。

だけど、10社のうち1社だけ、図書印刷さんっていうところが、超ラブで。なんかわけわかんない話を散々ぱら俺がしてんのに、「君たちは金の卵だ！」とか言ってくれて。「マジっすか！　そんなこと言ってくれる人、いると思わなかったんで……。すみません、今度ちゃんとスーツ着てきます」みたいな感じで。すごい出逢いがあって。で、本の作り方みたいのを、いろいろ教えてくれたわけよ。なんにも知らない俺たちに。

で、自費出版じゃしょうがないわけじゃん？　だから、「全国に流通しないと。本屋さんに置かなくちゃいけない」って。売れる本だったら、バッと撒けば本屋さんも置いてくれるけどさ。売れる本とは真逆なものじゃん、23歳のよーくわかんない無名な奴の自伝とかいって。

とにかく自分らで本屋さんをまわり、注文を取ってくれれば、流通業者からそこに届くと。だから、注文書を集めてこない限り、本屋さんには置かれないわけ。置かれたとしても、よくわかんない棚の端っこの方に、1冊ビシュって刺さるだけ。表紙が見えるように積まれるっていうのは、平積みって言うんだけど、「無名の人の本なんかの場合は、直接その本屋からの注文がきてない限りは、絶対に平積みされないよ」って言われて。

「じゃあ、とりあえず全国まわって、注文もらうしかねぇ！」とか言って。

んで、「じゃあ、お前は山手線ね、俺は小田急線」とか言いながら（笑）、みんなでわかれて、営業に行くんだけど。それもなんかあのお金借りるときに似てたね。ちゃんと話聞いてくれる人が少数で……。スーツ着て、本屋さんに行くわけよ。「すみませーん、出版社の者なんですけど」って言うのね。

あ、まず、そういうやり方がわかんなかったんだよ。「営業ってどうかけんの?」みたいな。それをまず近所の本屋さんのおばちゃんに話したら、わかってくれて。「じゃあ、教えてあげる」とか言って。「他の会社の営業マンがくるときに、アンタ、本屋のバイト風な感じで横にいて見てなさい」とか言われて(笑)。

それでおばちゃんの横に立ちながら、他の出版社の人が営業してんのを、「ほ〜ん、そうだね〜」とか言いながら聞いたりして、「ちょっとこの資料コピーさせてもらっていいですか?」とか(笑)。いろいろな作戦を練りながらやり方を覚えて、それから営業まわったんだけど。

うん、いや、ホンットに辛いねー! 自分らが魂込めて作った本を、ゴミ同然に扱われるわけよ。いい人でも、「まぁ、君たち、頑張って作って、若い割によくやってるけど、こっちもビジネスだから……」って。「何か売れる理由はあんの? テレビでも出てる? ドキュメント番組やったりする? 何かに紹介されてる?」って言われてね。「いや、なんにもないんスけど」って言ったら、「そんなの仕事んなんないからちょっと無理よ」って。

もう10軒行けば9軒はそんな感じ。酷い人だと、シッシッって手振りでこういう感じ。「無名なトコの話、聞いてる時間ないんで」っていう。もっと酷い人だと、「売れねぇよ」って投げるとか。そういうのはこう、プチってきちゃうじゃん。そういうの、結構キツくて。

まぁ、いつも10人にひとりだよなぁ。ちょっとこう波長があうのがね。「イイね、オモシロイね！　レジ横に置いちゃうよ〜」みたいな（笑）。そういう人が出てくるから、なんか死にたくなっても、なんか救われるっつーか。ホントそういう感じだったよ。

そういう風に全国まわりながら、ちょっとずつ置かれていって。『ヘブンズ・ドア』っていうタイトルの自伝だったんだけど。ボブ・ディランの歌からタイトルをもらって出した自伝。「23歳の自伝！」って言って発売して。んで、てっきりベストセラーかなって思ってたんだけど。……信じられないぐらい売れなくて。ほんと、友達の数より売れなかったんじゃないか？　っていうぐらい。「全国に流通させなければよかった。友達に直で売りゃよかった」みたいなぐらいの勢いの売れなさで。

ちょっとビックリした。ほら、お店で成功してたっていう自信がどっかにあったんだろうね。「自分らでホントに最高だっと思うものを作れば、それは絶対いけるんだ！」って言ってたし、俺。お店でそれは証明したべって。それで、「本だって絶対いける」ってやったつもりだったから。最高のものを作ったつもりだった、誰にも媚びずに。でも、結局全然売れなかった。

で、「やっべぇ〜！」ってなって。でも、ずっとブルーでいてもしょうがないわけよ。「ずっとブルーになってればベストセラーになるんなら、ブルーになっててもいいけど、そうじゃないんだから、なんかするしかねぇんだよな」とか言って。「しょうがねぇ。次の本出そう！」って。

で、弟のミノルが、「ちょっと今イルカブームだから、俺がイルカの本書くよ。ちょっとアニキの自伝売れなかったけど、俺で大繁盛してチャラにしようぜ」とか言って（笑）。「オッケー！　イルカ本！」とか言って。イルカの本出したら、あんの野郎、俺の本より売れねぇでさ（笑）。ふざけんなっていう感じで。もう余計経営のピンチを迎えてきて。

で、３冊目。「もうとにかく、勝つしかない」とか言って、仲間の「熱くなる小説」みたいのを出したんだけど。そーれが、ミノルのイルカ本より売れなくて（笑）。もう、エンディングな感じを迎えたわけよ、サンクチュアリ出版は。

「好きなことで飯を食うということ」について

まだ、伸びていってれば夢があるじゃん？　成長してるから。でもだんだん落ちていって、もう金も、最初の600万円なんてとっくの昔になくなって。俺が、ほら、お金借りるのが意外と得意っつーか。お金持ちの人に、「植木育てるなら、俺育ててください」とかマジ顔で言えるから（笑）。そうやって夢に向かってる俺たちを応援してくれる人が出てきてくれて、お金も借りてたんだけど、そのお金もなくなってきて。

自慢げに言うことじゃないけど、マックスのときね、3000万円ぐらい借金で。600万円から始まったのに、2000プラス何百万円か借りて……。そろそろさ、「コケたら佐川ゾーン」を超え始めてきたわけよ。そろそろ「一生、佐川」な感じになってくんじゃん？　もう「コケたら」じゃない「一生、佐川」。もちろん最初っから、佐川にいたくてやる分にはいいよ。だけど、借金返すためだけにさ、一生やんのはキツイじゃん？

そういうゾーンに入ってきて、さすがにビビってきてた。

あとキツかったのは、一緒に始めた4人の仲間のうち、ふたりがやめちゃったこと。俺と弟以外のふたりね。俺とミノルだけで、なんか兄弟出版社みたいんなっちゃって（笑）。

でもそのときも、同じだったかな、俺ん中では。ぶれなかったね。「うまくいくまでやれば、必ずうまくいく」って。

「俺たちは、そういうセンスとか才能みたいなのはわかんないけど……まぁ、うまくいくまでやれば、絶対にうまくいくんだから。ミノル、頑張ろうぜ」って。

今までの体験からすごく思うんだけど、失敗って無限じゃないんだよね。「失敗が満員御礼になる」とか言ってたけど、「失敗が尽きるときが、必ずくる」と。

でも、そのための条件はひとつ。同じ失敗を繰り返さないこと。同じ失敗を繰り返してる人は、一生失敗は尽きないよ。だけど、俺は同じ失敗を繰り返さないことには自信がある。反省フェチだから。なんか、その自信はあるわけ。

やってみて、失敗して、「いいや、しょうがないや」とか言ってまた同じ失敗してたら、一生成長がないじゃん。それはないから。1回失敗したら、「次は絶対こういうことはしない」っていうのは決めてて。だから、いつか失敗のネタが尽きる日がくる、と。

世の中的には、まぁそれは、「コツをつかむ」みたいな言い方をすんのかもしんないけど。

だから、「いつか失敗のネタが尽きるから、まぁそれまで頑張ろうよ、マジで。打たれ強くいこう！」みたいな感じで、ミノルとふたりでテンション上げて、頑張って……。

それで、本としては4冊目、5冊目あたりから、やっと「やりたいこと、作りたい本を作って、ヒットする」っていう経験が出てきて。「失敗が満員御礼になるときが、やっときたか」みたいな感じで。

それからまた新しい仲間も加わったりしながら、どんどんどん本が売れるようになってきて。で、25歳のときに、『毎日が冒険』っていう自伝をまた出したの。「23歳のときの自伝が超ヤバだったから、リベンジ！」とか言って。それでまた全然売れなくて、大借金作っちゃったりとか（笑）。結構大変だったんだけど。

『毎日が冒険』は、調子に乗って、「CDデビューも一緒にしちゃえ！」とか言って、CD付けちゃったわけ。レコーディングして（笑）。それで、よくわかんない本になっちゃって。作るのに、店1軒作れるぐらいの金がかかっちゃって。本なのに。

それで、「イェーイ！　売れるだろ、コレー！」とか言ってたら、またバッカバカに売れなくてさ。「うっわ、また大借金大会……」とか、そんなのもあって。

でもまぁ、今はその本もすごい売れててね。あの頃、そういう風に頑張ってきたのが今はしっかり売れて。韓国とか台湾とかアメリカでも翻訳されて。自分らが作った海外の出版社で、売ってんだけど。そうやって世界中で広がってきて。

すごく大きかったのは、俺の本が何百部しか売れてないときでも、知らない人が買ってくれてて……俺、いまだに覚えてんだけど、18歳の山形県の女の子から手紙が届いて。まだ俺の自伝が売れてないときよ。「絶望的」とか言ってたときに、いきなり手紙が届いて。「偶然にも本屋さんにあって、手に取って読みました」と。「私は、嫌なことばっかり続いて、もう死んじゃいたいぐらいの気持ちだったけど、今回その本読んで、頑張ってる人もいるんだと思って、私も頑張っていこうと思いました」みたいなことを書いてくれてたの。

俺そんときに、なんか本ってスゲェなと思って。本って、たかが紙の束じゃん。それなのに、なんかスゲェなと思って。

こんな、知らない人の、会ったこともない人の人生にタッチして。その人が、少しでも元気になったり、「明日頑張ろう」って幸せな気持ちになったり……そんなことが

「好きなことで飯を食うということ」について

起こるんだぁ、って。なんかこう、本っていうものの素晴らしさに、「やってみてから出逢った」って言うのかな？　やるまでは、ホントにそんなことには気づいてなくて。「いぇーい、ヒーローになろうぜ」ぐらいで始めてんのに。そんなことを、すごく覚えてるね。

「貧乏で、本当にヤバくて」っていうときに、「でも、まだほんのちょっとの人だけど、俺らが本を出すことで、『人生変わった！』って喜んでくれる人がいる」っていう事実があったから、もうちょっと頑張ろっかな、みたいな気持ちになれた。なんかそういうのはね、すごく覚えてるけど。


根本的にはお店のときと同じで。最初の半年から1年は、もう大変……。「もう絶望的。やんなきゃよかった」くらいの事実が起きて。まわりからも散々言われて。「あゆむ君、店はうまくいったけど、やっぱり出版は、頭脳労働だもんねー」「やっぱ偶然だったんじゃない？　店がうまくいったのは」「ふざけんなテメー」みたいな感じのノリもあったし。

俺自身も、「やりたいことを、思いっ切り胸張ってやれば、誰だって飯なんて食えるようになるんだ」って言って始めたのに、出版がうまくいかなかったから、あれ？って。「店だから偶然できたのかな？」って思っちゃうのもあったよね。だけど、絶対に俺、このあとの人生でも、「俺みたいな平凡な奴でも、ホントにやりたいことを胸張ってやればできるから、みんな一緒にやろうぜ！」って言いたいし、「ここは頑張り抜こう」とずっと思ってたんだよね。

本も、1冊ヒット出たところから、世の中の空気っていうのは、180度変わってきて。店と一緒だよね。「若くして出版社。スバラシイ！」みたいな話になってきた。「誰だよ、無理だって言ってたの」みたいな。

そんな感じでどんどんどんどんまわりが応援団になっていって。まぁ最初に作った借金が大きかったからお金がザクザクって感じにはなんなかったけど（笑）。だけど、少しずつ読んでくれる人も増えていって……。

それでまぁ、お店が4店になったときと同じような感じで、そこそこ本がヒットするようになってきた頃、俺の中で、「そろそろ軌道に乗ってきた」という感覚が生まれてきたんだよね。

「好きなことで飯を食うということ」について

「軌道に乗る」っていうのが、俺にとってエンディングを意味するからさ。「ちょっとイイ感じになってきちゃったな。そろそろプータローのシーズンかな?」みたいな。

で、このサンクチュアリ出版っていうのは、俺のチームでやんのは終了。「次、欲しい人ー!」って言ったら、仲間のひとりが「はい!」って言ったから、その鶴君に、社長とかまるごと交代して、『第2期サンクチュアリ出版』として続けていくことになった。「俺たちのチームは、もうここで終わりね」っていうのを決めて。

そこまでみんなで頑張って、結果、全部で十数冊出して。26歳になったときに、俺はサンクチュアリ出版っていうのを終わりにしたのね。

今でも、サンクチュアリ出版は、そのときの鶴君っていうのが社長で続いてて、ビル5階建てになっちゃってるよ。「俺がやめるとデカくなる説」とか言って(笑)。

でも、俺は仲間がそうやって続けてくれることは、もう嬉しくて。なんかこう「ステキだなー」「みんなスゴイなー」って思うんだけど。

なんか、同じような感じでしょ?

1回やって。終わったらプーになって。また、ドラゴンボール7つ揃った気分になって、やりたいこと見つけて。で、またやり始めて、仲間探して、お金集めて。ビンボーでうまくいかなくて、粘って……みたいな（笑）。で、うまくいったら、急にまたまわりが応援してくれるようになって、しばらくいい気になって、またプータローに戻る……みたいな。同じローテーション。

みんなの中で、体験したことある人もいるだろうし、ないって人もいると思うけど、どっかそのローテーションな感じを感覚として入れてもらえるといいよね。

そうすると、なんかを始めて、ビビったときに、「あぁ、最初はみんなだいたい悪口言うって言ってたよね」「10人中9人がだいたいダメ出しするって言ってたよね」「超クソビンボーな感じになったとしても、『テンション上げろ』って言ってたよな」みたいな感じで思い出してくれると、かなり近いローテーションがくると思うよ。

やめちゃうのはそのときと、あとは、始める前だよね？　いろんな人に何か言われたり、「自信ないから」とか言って始めないっていうパターンはあると思うけど。まぁ、とにかく『始めること』だよね。

とにかく始めちゃって、いろいろあるだろうけど、「まぁ、最初は大変でしょ。そん

「好きなことで飯を食うということ」について

なこともう私知ってるし」ぐらいのノリで続けていって、うまくいくまで頑張り抜ければ、絶対的な自信になるから。「あー、やっぱ好きなことやって飯食っていけちゃうんじゃ〜ん！」みたいな。

んで、自分がそういう風にできるようになったら、またそれをいろんな機会に、友達に話したり後輩に話したり、シェアしていけば、そういうのが広がっていくじゃん？

俺、そうやって日本とか世界とかに、「本当に自分が最高って思うことを一生懸命やる」って奴が増えていくっていうのは、素晴らしいことだと思うの。元気出てくるっつーか。

なんか、別に「変わったことやれ」って話じゃないよ？「八百屋にマジでなりてぇ！」って人は、八百屋になるわけだし、「先生になりてぇ！」って人は先生になればいいし。職業に上下とかないじゃん？

そういう話じゃなくて、「自分が本当にやりたいことをやる」っていうことね。それがどんなにハードルが高くても、トライしてみて、できるってところまで頑張って、実現できたら、それをまた多くの人に伝えて、まわりにも、「じゃあ、やっちゃおうぜ！」って人が増えてきて……っていう風になると、どんどん楽しくなるなって思うから。

だから俺も、こういうところでも、なるべく話そうと思ってきてるのね。このあとの人生、まだそれぞれ長いと思うし。いい意味でリラックスして、うん。今やりたいことが決まってる人は、もうどんどん進むだけだと思うし。やりたいことがまだ見っかってないっていう人は、「なんでもできるとしたら？」っていう視点で、「まぁ、できるかできないかはあとで考えるとして、何をやりたいか？」っていうのを持ちながら、毎日生きてると、「やっべ！　これマジ、できるかできないかはさておき、できたら炸裂じゃん」みたいなことって結構見つかると思うんだよね、世の中で。

そういう中で、「ちょっと大変そうだけど、もしかしたら……」みたいなことだったら、どんどん追求してみればいいと思う。

そうやって、みんなそれぞれさ、どんどんやっていこうよ、せっかくだしね。

今日の話も、たまになんとなくでも思い出しながら。なんかいろいろ悪口言われても、「あ、知ってる知ってる。そういうの言われる時期だよね」みたいな（笑）。そんな風に思ってると、意外と気が楽になると思うし。

「好きなことで飯を食うということ」について

俺も、今もそう思いながらやってるよ。いまだに俺も、やり始める前に、「そんなのできんの？」「ヒーロー狙い？」とか、いろんな悪口を言われるときもあるよ、相変わらず。だけど、そのときに、今話したように、「まぁ最初の方はみんないろいろ言うから、しょうがない、しょうがない」って。結果出せば、みんな一気にひっくり返るから、それまではしょうがない。

まぁ、愛があるアドバイスの人も多いわけじゃん。ただ悪口言ってんじゃなくて、愛を持って言ってくれてるわけじゃん。そういうのはちゃんと受けとめながらも、自分でやることはやる。それは決まってるわけだし。

今回の人生って、せっかく、こうやって日本に生まれたわけじゃん。世界を見渡してみれば、こうして、やりたいことを探して、それを一生懸命できるっていう環境に生まれてる人って、ホント少ないじゃん。生きていくのがやっとだったり、「自分の人生の選択肢なんて、まったく持ってない」っていう状況で生きてる人も多い中で、今回の人生は、この時代、この国に、俺たちは生まれたわけじゃん。

よく「安定を……」とか言うけど、もうそのへんの求人誌見りゃ、生活していけるだけの金をもらえる仕事なんてあふれてるべ？

だから、よく「安定を捨てて……」とか言うけど、俺は、安定なんていつでも取れるべ、と思う。飢えないで食っていける仕事なんて、無限にあるよ、日本。だからこそ、「人生一度きりだし、せっかくならやりたいことを思いっ切りやろうよ！」って思うんだよね。

お互いの人生、この先ね、いろんなところでクロスするところがあって、「一緒になんかやろうぜ！」みたいになるかもしれない。で、「もともとは、シモキタの狭いところでトークライブ聴いて、あのとき……」みたいな話になったら、素晴らしいな、って俺は思う。

だから、また最後に繰り返すけど、「あの人だからできたんでしょ？」とか、「すごい人って、元からすごいんでしょ？」みたいなことを思うこともあるかもしんないけど……俺は、ホントにいい人ぶって言うんじゃなくて、「本当に、誰でも好きなことで食えるよ」と思う。食える内容は、全員違うけどね。本当に、誰でも、絶対に好きなことで食えると思ってる。

だから、それを現実に自分も体験して、さらにそれを多くの人に広げて、っていう人生を送れたら、今回の人生すげー楽しいかな、と思うんで。お互い、自分が「やりたい」って思うことに対して、まっすぐ向かって生きていこうよ。

また、いろんなところで会うこともあると思うけど。そんときには、一緒にできるようなことが始まったりしてるといいなーって思うよ。

『高橋歩』で検索すると、最初に出てくると思うんだけど、『アユムチャンネル』っていうオフィシャルサイトがあって。そこから俺に直接メールを送れるっていうシステムをずーっと取ってるわけ。それは、「全員に返事する」とは言えないけど、１００パー読んでる、俺が。

だから、なんかこの先、すぐでもいいし10年後でもいいから、このあとの人生の場面で、「こんなこと一緒にやろうぜ」とかあったら、そっからメールくれたら、確実に俺は見てるから。うん、そこはちょっとどっか頭入れといて。

今日は俺が一方的に話しただけで終わるけど、こういうのキッカケに、トモダチっつーか、繋がりを持てたら、この時間は深いかな、と思うんで。


そういう気持ちで、終わりにしたいと思います。

どうもありがとうございました。高橋歩でした！

とりあえずやっとけ!

おわりに

最後まで読んでくれて、ありがとう。

この本は、膨大なインタビュー＆雑談の中から、
仲間のヨウヘイ＆弟のミノルがセレクトした内容が収録されている。

今、あらためて、自分自身で読んでみると、ぶっちゃけ、
「オレ、こんなに、いい人かな？」っていう気もするけど……笑
まぁ、中心は、ブレてないね。

たった一度の人生だ。
自分の心の声に正直に、完全燃焼するのみ。

これからも、お互いに、そして、機会があれば一緒に、
楽しいことをいっぱいしよう！

では、また、地球のどこかで。

高橋歩

＊

下記のWEBサイトの「MAIL TO AYUMU」のコーナーから、
いつでも、高橋歩に直接メールを送ることができます。
本の感想から、仕事や遊びや飲み会のお誘いまで、お気軽にどうぞ。

AYUMU CHANNEL
www.ayumu.ch

本書は2014年に小社から刊行された
『自由人の脳みそ』に新たに章を追加し大幅に加筆したものです。

高橋歩　Ayumu Takahashi

1972年東京生まれ。自由人。

20歳の時、映画「カクテル」に憧れ、大学を中退し、仲間とアメリカンバー「ROCKWELL'S」を開店。2年間で4店舗に広がる。23歳の時、すべての店を仲間に譲り、プータローに。自伝を出すために、出版社「サンクチュアリ出版」を設立。自伝『毎日が冒険』をはじめ、数々のベストセラーを世に送り出す。26歳の時、愛する彼女・さやかと結婚。出版社を仲間に譲り、すべての肩書きをリセットし、再びプータローに。結婚式3日後から、妻とふたりで世界一周の旅へ。約2年間で、南極から北極まで世界数十ヶ国を放浪の末、帰国。2001年、沖縄へ移住。音楽と冒険とアートの溢れる自給自足のネイチャービレッジ「ビーチロックビレッジ」を創り上げる。 同時に、作家活動を続けながら、東京、ニューヨークにて、自らの出版社を設立したり、東京、福島、ニューヨーク、バリ島、インド、ジャマイカで、レストランバー＆ゲストハウスを開店したり、インド、ジャマイカで、現地の貧しい子供たちのためのフリースクールを開校するなど、世界中で、ジャンルにとらわれない活動を展開。2008年、結婚10周年を記念し、家族4人でキャンピングカーに乗り、世界一周の旅に出発。2011年、東日本大震災を受けて、旅を一時中断。宮城県石巻市に入り、ボランティアビレッジを立ち上げ、2万人以上の人々を受け入れながら、復興支援活動を展開。現在も、石巻市・福島市を中心に、様々なプロジェクトを進行中。2013年、約4年間に渡る家族での世界一周の旅を終え、ハワイ・ビッグアイランドへ拠点を移す。

現在、著作の累計部数は200万部を超え、英語圏諸国、韓国、台湾など、海外でも広く出版されている。

[official web site]　www.ayumu.ch

最速で結果を出すための　最強の思考習慣

2018年1月16日　初版発行

著　高橋歩
文・構成　滝本洋平
カバーデザイン　井上新八
本文デザイン　高橋実

印刷・製本　株式会社光邦

発行者　高橋歩

発行・発売　株式会社A-Works
〒151-0051東京都渋谷区千駄ヶ谷2-38-1 ARCAビル2階
URL : http://www.a-works.gr.jp/　E-MAIL : info@a-works.gr.jp

営業　株式会社サンクチュアリ・パブリッシング
東京都渋谷区千駄ヶ谷2-38-1　〒151-0051
TEL : 03-5775-5192　FAX : 03-5775-5193

ISBN978-4-902256-82-6